❸ 스스로 활동해 보세요

이 시리즈는 단지 지식을 전달하기 위한 교양서가 아니에요. 어린이 여러분이 교과서로 수업 시간에 배운 내용을 실제 현장에서 직접 체험하며 익힐 수 있도록 다양한 활동 내용을 담았지요. 책 중간이나 뒷부분에 이해를 돕기 위한 활동이 있으니 꼭 스스로 정리해 보세요.

❹ 견학 후 활동이 다양해요

체험학습 후에는 반드시 견학 후 여러 가지 활동을 해 보세요. 보고서 쓰기, 신문 만들기, 그림 그리기 등을 통해 체험학습에서 보고 들은 내용을 다시 한번 정리하면 알찬 체험학습이 될 거예요.

신나는 교과 체험학습 09

자주 독립을 외친 겨레의 큰 스승을 만나요 백범김구기념관

초판 1쇄 발행 | 2007. 4. 10.
개정 3판 7쇄 발행 | 2023. 3. 17.

글 김주원 | **그림** 김규준 | **감수** 이이화

발행처 김영사 | **발행인** 고세규
등록번호 제 406-2003-036호
등록일자 1979. 5. 17.
주　소 경기도 파주시 문발로 197(우10881)
전　화 마케팅부 031-955-3100 편집부 031-955-3113-20
팩　스 031-955-3111

© 2008 김주원
이 책의 저작권은 저자에게 있습니다. 저자와 출판사의 허락 없이 내용의 일부를 인용하거나
발췌하는 것을 금합니다.

값은 표지에 있습니다.
ISBN 978-89-349-8439-9 64000
ISBN 978-89-349-8306-4 (세트)

좋은 독자가 좋은 책을 만듭니다. 김영사는 독자 여러분의 의견에 항상 귀 기울이고 있습니다.
전자우편 book@gimmyoung.com | 홈페이지 www.gimmyoungjr.com

어린이제품 안전특별법에 의한 표시사항

제품명 도서 **제조년월일** 2023년 3월 17일 **제조사명** 김영사 **주소** 10881 경기도 파주시 문발로 197
전화번호 031-955-3100 **제조국명** 대한민국 ⚠**주의** 책 모서리에 찍히거나 책장에 베이지 않게 조심하세요.

_____학교 ___학년 ___반 _____의 책이에요.

신나는 교과 체험학습 시리즈 이렇게 활용하세요!

'체험학습'이란 책에서나 수업 시간에 배운 지식을 실제 현장에서 직접 경험해 보는 공부 방법이에요. 단순히 전시된 물건을 관람하거나 공연을 보는 것이 아니라 학습을 하기 전에 미리 필요한 정보를 조사하는 것까지를 포함한 모든 활동을 의미해요. 어떻게 공부할 것인지를 준비하면 그렇지 않은 경우보다 훨씬 더 많은 것을 보고 느끼게 되겠지요. 이 책은 체험학습을 하려는 어린이들에게 좋은 길잡이 역할을 할 거예요.

❶ 가기 전에 읽어 보세요

이 책은 체험학습 현장을 어린이들이 쉽게 이해할 수 있도록 풀이한 안내서예요. 어린이들이 직접 체험학습 현장을 찾아가는 데 필요한 정보가 들어 있어요. 체험학습 현장을 가기 전에 꼼꼼히 읽어 보세요.

❷ 현장에서 비교해 보세요

백범김구기념관은 우리 민족의 큰 스승인 백범 김구 선생님을 기념하기 위해 만든 곳이에요. 백범 김구 선생님의 삶과 사상을 들여다보면 우리 나라의 근현대를 이해할 수 있어요. 그럼, 자주 독립과 평화 통일을 위해 일생을 바친 백범 김구 선생님의 삶 속으로 들어가 볼까요?

자주 독립을 외친 겨레의 큰 스승을 만나요

백범김구 기념관

글 김주원 그림 김규준 감수 이이화

주니어김영사

차례

백범김구기념관에 가기 전에   2
한눈에 보는 백범김구기념관   4
격동적인 우리 나라
         근현대 역사   6

나라 사랑하는 마음을
         키워 가다!   8
영원한 민족의 지도자, 백범 김구   10
마음 좋은 사람이 되기로 하다   12
스승 고능선과 만나다   14
치하포에서 의거하다   18
옥중에서 새로운 문물을 접하다   19
교육 활동에 힘쓰다   20
비밀 결사 조직에서 일하다!   22

자주 독립 국가를 꿈꾸다!   24
대한 민국 임시 정부가
         수립되다!   26
상하이 생활과 그리운 가족   28
한인 애국단을 결성하다!   30
피난 생활을 시작한 임시 정부   32
광복군의 활약과 좌우 합작   34
반쪽 독립을 실현하다   38
백범과 임시 정부의 환국   40
자주 국가를 만들기 위한 노력   42
민족의 큰 별이 지다!   44
백범김구기념관을 나오며   46

이 곳도 둘러보아요!   48
나는 백범김구기념관 박사!   50
백범 일보 만들기!   54
정답   56

숙제를 돕는 사진

백범김구기념관에 가기 전에

미리 준비하세요

준비물 필기 도구, 사진기, 지하철 노선표,
《백범김구기념관》 책

미리 알아 두세요

관람 시간

3월~10월	10:00~18:00 (입장 마감은 17:00)
11월~2월	10:00~17:00 (입장 마감은 16:00)

매주 월요일, 1월 1일, 설날, 추석에는 관람할 수 없어요.

관람료   무료

**단체 관람 및
일반 관람 안내**   평일 단체 관람 : 20인 이상의 단체 신청 시
가족 체험 : 주말 오후 2시~4시
방학 프로그램 : 여름, 겨울 방학 프로그램은
         홈페이지를 참고해 주세요.

전화   02) 799–3400
주소   서울 특별시 용산구 임정로 26
홈페이지   http://www.kimkoomuseum.org

가는 방법

지하철을 타고 6호선 효창공원역에서 내려 1번 출구로 나와요.
효창운동장 방향으로 10분 정도 걸어가요.

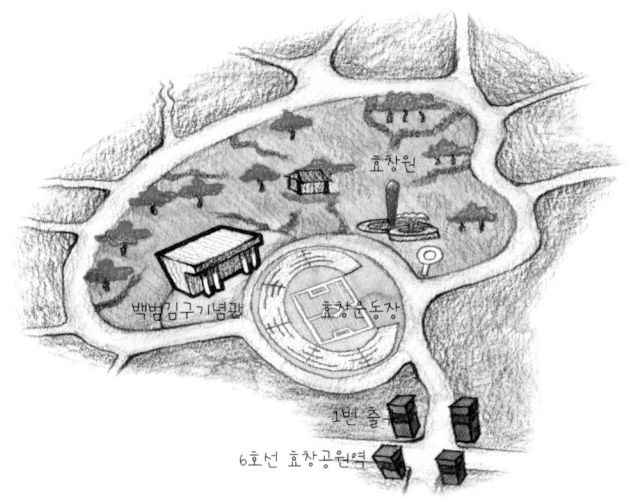

백범김구기념관은요······

"네 소원이 무엇이냐?" 하고 하느님이 물으시면,

나는 서슴지 않고 "내 소원은 대한 독립이오." 하고, 대답할 것이다.

"그 다음 소원은 무엇이냐?" 하면, 나는 또 "우리 나라의 독립이오." 할 것이요,

또 "그 다음 소원이 무엇이냐?" 하는 세 번째 물음에도,

나는 더욱 소리를 높여서 "나의 소원은 우리 나라 대한의 완전한 자주 독립이오."

하고 대답할 것이다.

이것은 김구의 《백범일지》 가운데 '나의 소원' 이라는 글이에요.

백범김구기념관은 우리 나라의 자주 독립과 평화 통일을 위해서 일생을 바친 겨레의 큰 스승 백범 김구의 삶과 사상에 관한 자료를 볼 수 있는 곳이에요.

한국 근현대사를 이해할 수 있는 역사 박물관이지요.

이 곳에서 우리 민족이 고난과 시련에 닥쳤을 때 어떻게 자주 독립 운동과 통일 운동을 펼쳤는지 올바르게 이해하는 시간을 가지게 될 거예요.

이제 조선 시대 말부터 일제 강점기를 거쳐 우리 나라가 남북한으로 분단되는 시점까지 백범 김구의 삶을 좇아 시간 여행을 떠나 봐요.

한눈에 보는 백범김구기념관

백범김구기념관은 우리 겨레의 큰 스승인 백범 김구의 일대기와 관련된 유물과 자료를 전시하고 있는 곳이에요. 백범 김구의 삶은 일본의 침략과 광복, 그리고 남북 분단까지 굴곡이 많았던 우리 민족의 역사와 맞물려 있어요. 지금부터 차근차근 전시관을 돌아보면서 백범의 삶과 사상을 만나 보아요.

1층 전시관
1층 전시관은 백범 김구의 어린 시절과 동학·의병 활동과 관련된 자료가 전시돼 있어요. 그리고 치하포 의거 및 신민회 활동 등과 관련된 자료로 재미있게 꾸며져 있답니다.

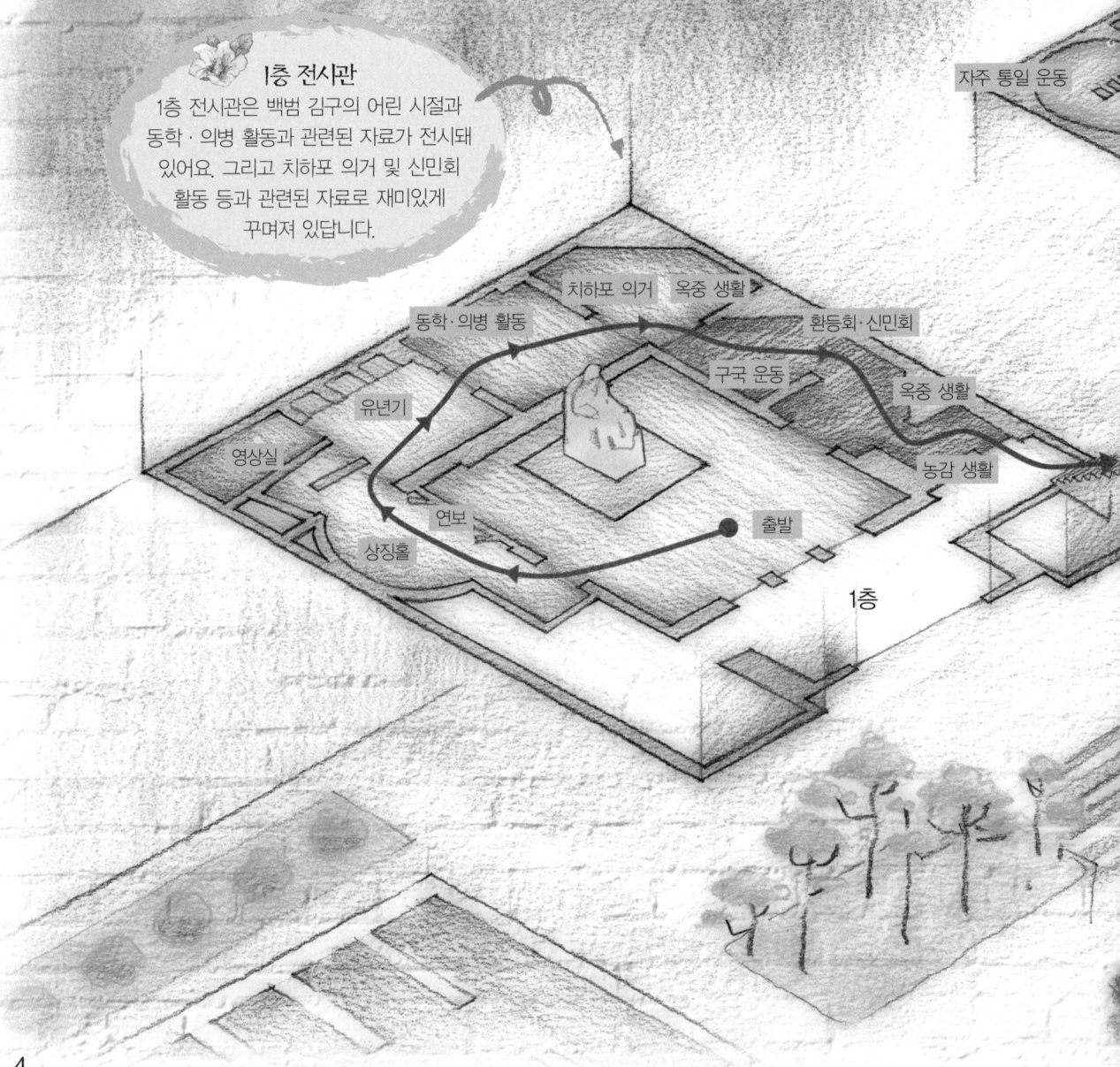

자주 통일 운동

치하포 의거　옥중 생활

동학·의병 활동　　환등회·신민회

유년기　　구국 운동

영상실　　　옥중 생활

농감 생활

연보

상징홀　출발

1층

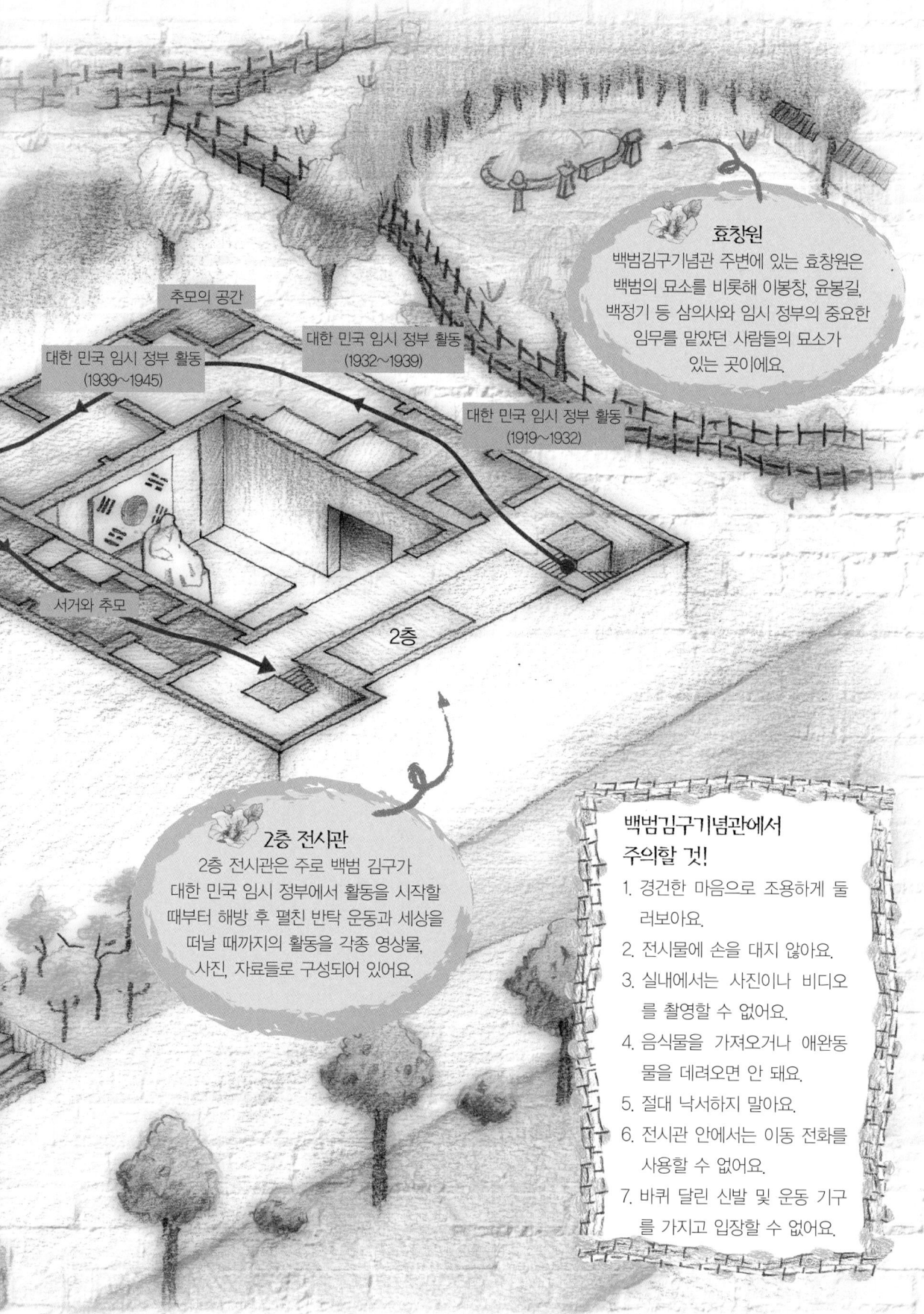

효창원
백범김구기념관 주변에 있는 효창원은 백범의 묘소를 비롯해 이봉창, 윤봉길, 백정기 등 삼의사와 임시 정부의 중요한 임무를 맡았던 사람들의 묘소가 있는 곳이에요.

추모의 공간

대한 민국 임시 정부 활동
(1932~1939)

대한 민국 임시 정부 활동
(1939~1945)

대한 민국 임시 정부 활동
(1919~1932)

서거와 추모

2층

2층 전시관
2층 전시관은 주로 백범 김구가 대한 민국 임시 정부에서 활동을 시작할 때부터 해방 후 펼친 반탁 운동과 세상을 떠날 때까지의 활동을 각종 영상물, 사진, 자료들로 구성되어 있어요.

백범김구기념관에서 주의할 것!

1. 경건한 마음으로 조용하게 둘러보아요.
2. 전시물에 손을 대지 않아요.
3. 실내에서는 사진이나 비디오를 촬영할 수 없어요.
4. 음식물을 가져오거나 애완동물을 데려오면 안 돼요.
5. 절대 낙서하지 말아요.
6. 전시관 안에서는 이동 전화를 사용할 수 없어요.
7. 바퀴 달린 신발 및 운동 기구를 가지고 입장할 수 없어요.

격동적인 우리 나라 근현대 역사

우리 나라 역사에서 '근현대'는 근대 사회로 발을 내딛는 19세기 조선 후기부터 일제 강점기를 거쳐 광복 이후 대한 민국 정부가 수립되고 난 뒤 현대까지를 말해요.

양반이 주도적으로 이끌어 가던 조선 후기 사회는 양반과 그에 비해 신분이 낮은 일반 백성들로 구성되어 있었어요. 그러나 일반 백성들의 경제력이 늘어나면서 양반 중심의 신분 제도가 조금씩 무너져 백성들도 나라의 중요한 구성원임을 깨닫기 시작했어요. 또, 과학적이고 합리적인 실학이 발달하면서 실학을 연구하던 사람들은 사회 개혁을 주장했지요.

조선이 서서히 근대 사회로 접어들 무렵 나라 밖에서도 많은 변화가 일어나고 있었어요. 미국·프랑스·러시아 등의 서양 세력과 함께 일본은 우리 나라의 이권을 약탈하기 시작했어요. 밀려오는 외세의 힘을 감당하기에 우리 나라는 힘이 약했고, 결국 1876년 일본과 불평등한 관계로 '강화도 조약'을 맺게 되지요. 이에 반발한 지식인들과 민중들은 힘을 합쳐 부당한 요구를 하는 외국 세력에 대항하는 운동을 펼쳐 나갔어요.

동학 농민 운동
탐관오리들의 횡포에 대항해 동학도와 농민들이 일으켰어요.

일제의 강제 병합
일본이 우리 나라의 통치권을 빼앗아 자기네 식민지로 삼았어요.

1876	1894	1895	1904	1910	1919
강화도 조약		명성 황후 시해	러·일 전쟁		3·1 운동 대한 민국 임시 정부 수립

하지만 그 뒤 을사조약을 거쳐 1910년, 한일 병합이 되면서 우리 민족은 '일제 강점기'라는 암흑기를 맞게 돼요. 물론 이 시기에도 우리 민족은 독립을 바라면서 치열하게 저항했어요. 나라 안에서는 의병 항쟁과 비밀 결사 투쟁으로, 나라 밖에서는 만주·연해주에 항일 독립 운동의 거점을 마련해 삶의 터전인 농장을 마련하고, 동포들을 가르쳤어요. 3·1 운동이 일어나기 전 여러 곳에 세워진 임시 정부는 상하이에 있는 대한 민국 임시 정부로 합쳐졌고, '한국 광복군'을 조직해 독립 운동을 펼쳤어요.

1945년 제2차 세계 대전 중에 일본이 항복하면서 우리 나라는 국권을 되찾았지만, 여전히 세계 열강들로부터 자유롭지 못했어요. 미국과 소련은 '신탁 통치'라는 명분 아래 북위 38도 선을 경계로 남북을 나누어 각각 자신들에게 유리한 정부를 구성하려고 했어요. 결국 혼란 끝에 통일 정부 수립을 원하는 많은 사람들의 염원에도 불구하고, 남한만 단독으로 선거를 치렀어요.

그 이후부터 우리 민족은 국토가 반으로 나뉘어진 채 북한은 사회주의로, 남한은 자유민주주의로 각기 다른 길을 걷게 되었답니다.

일본의 항복
우리 나라 국권 회복
제2차 세계 대전에서 일본이 항복해 우리 나라는 국권을 되찾았어요.

남북 협상
5·10 총선거
대한 민국 단독 정부 수립
남한 만의 총선거를 통해 단독 정부를 수립했어요.

1926	1932	1942	1945	1946	1948	1949
6·10 만세 운동	이봉창 의거 윤봉길 의거	조선어학회 사건		미·소 공동 위원회 개최		김구 사망(암살)

나라 사랑하는 마음을 키워 가다!

백범은 1876년 황해도 해주에서 가난한 집안의 외아들로 태어났어요. 그 때는 일본의 강요에 따라 강화도 조약을 맺고 조선의 문을 연 해이기도 하지요. 백범은 이렇게 급변하는 상황에서도 꿋꿋하게 자랐어요. 장난기가 많긴 했지만 효심이 깊고 배움에 대한 열의가 대단한 아이였지요. 배움에 목말라 했던 백범은 어려운 살림에도 불구하고 서당 교육을 받으며 꿈을 키웠고, 그 꿈을 펼치기 위해 과거 시험에 응시했어요. 그런데, 시험장에서 벼슬을 사고파는 일을 본 백범은 서당 교육을 그만두었어요. 열일곱 살이 된 백범은 동학에 입도*해 '애기 접주'라는 별명을 얻으며 동학 농민 운동에 참여하게 되지요.

밀려드는 외세의 침략은 백범에게 더욱 깊은 애국심을 심어 주었고, 백범으로 하여금 새로운 목표를 갖게 했어요. 바람 앞에 흔들리는 등불 같던 나라와 겨레를 위해 자신을 바치겠다는 결심으로 독립 운동에 뛰어든 것이지요.

그럼, 지금부터 우리 나라가 위기에 빠져서 허둥대고 있던 시기에 백범 김구는 어떻게 자신의 꿈을 만들어 갔는지 알아보아요.

*입도 : 깨달음의 경지에 이르기 위한 수행을 시작하는 것을 뜻해요.

영원한 민족의 지도자, 백범 김구

백범 김구는 우리 나라의 독립과 통일 정부 수립에 일생을 바친 겨레의 큰 스승이자, 민족의 지도자예요. 백범의 삶과 사상을 볼 수 있는 곳이 바로 백범기념관이지요. 백범김구기념관에 들어서면 가장 먼저 좌상이 눈에 들어와요. 전시관 중앙에 있는 좌상은 엄숙함 속에서도 인자한 표정이 세세하게 표현돼 있어 진짜 살아 있는 백범 김구를 보는 듯해요. 이 곳에서 간단히 백범에 대한 설명을 듣고 나서 본격적으로 전시물들

1층 전시관 중앙에 있는 백범의 좌상

이 분이 백범 김구 선생님이구나!

백범이 살았던 시대를 한눈에 볼 수 있어요.

1층 전시관에 있는 백범의 초상화와 어록

을 관람하게 되지요.

1층 전시관에서 가장 먼저 만나는 전시물은 백범의 삶을 정리한 연표와 백범이 살았던 시대의 주요 사건들을 정리해 놓은 파노라마 전시물이에요. 대한 제국 말부터 일제 강점기, 광복과 분단에 이르는 역사 속 사건들을 한눈에 살펴볼 수 있어요.

파노라마 전시물 뒤쪽에는 백범의 초상화와 백범의 어록이 전시되어 있어요. 우리가 잘 알고 있는 '나의 소원' 등 백범의 유명한 어록을 읽어 보면서 백범의 나라 사랑하는 마음을 느껴 보세요.

개구쟁이 창암의 어린 시절

어린 시절 백범의 이름은 창암이었어요. 창암의 집안은 대대로 농사를 지으며 살았는데, 불의를 보면 참지 못하는 성품을 지녔다고 해요.

창암의 어머니는 창암을 낳는 데 어려움을 겪었어요. 그 때는 의술이 발달하지 않았기 때문에 민간 요법을 많이 썼는데, 집안 어른들은 아버지에게 **길마**를 쓰고 지붕에 올라가 소 울음소리를 내라고 권했지요. 아무리 기다려도 태어나지 않았던 창암은 아버지가 지붕 위에 올라 소 울음소리를 내자 곧 태어났다고 해요.

이렇듯 어렵게 출생한 창암은 개구쟁이로 자랐

창암의 어린 시절 일화를 닥종이 인형으로 전시해 놓았어요.

어요. 아버지의 숟가락을 부러뜨려 엿을 바꿔 먹거나 집에서 몰래 돈을 갖고 나와 떡을 사 먹으러 가다가 아버지에게 꾸중을 듣기도 했지요.

하지만 공부에도 관심이 많았던 창암은 부모를 졸라 아홉 살부터 글 공부를 시작했어요. 어려운 가정 형편이었지만, 창암의 아버지는 친척과 동네 아이들을 모아 서당을 만들고 선

전시실에서 창암이 아버지 몰래 숟가락을 부러뜨려 엿을 바꿔 먹으려는 모습을 볼 수 있어요.

생님을 모셔와 창암의 글 공부를 도왔어요. 창암은 나라에서 으뜸가는 큰 사람이 되기로 결심하고, 누구보다 열심히 공부했지요.

🐄 **길마**
짐을 싣거나 수레를 끌기 위해 소나 말 따위의 등에 얹는 물건이에요.

마음 좋은 사람이 되기로 하다

어느덧 철이 든 창암은 아버지가 양반이 아니라는 이유로 차별 받는 모습을 보게 되었어요. 이 광경을 본 창암은 더욱 열심히 공부해 벼슬길에 오르기로 마음먹었어요.

열일곱 살이 된 창암은 황해도에서 실시한 과거 시험인 향시에 응시했어요. 그런데 과거 시험장에서 돈을 주고 합격시키는 현장을 보게 되었어요. 현실에 매우 실망한 창암은 벼슬길에 오르고자 했던 마음을 접고, 아버지가 권하는 대로 관상학을 공부하기로 했어요.

관상학을 공부하던 창암은 불현듯 책에서 깨달음을 얻게 되었어요. '얼굴 좋은 것이 몸 좋은 것만 못하고, 몸 좋은 것이 마음 좋은 것만 못하다.' 라는 것이지요. 깨달음을 얻은 창암은 호심인, 즉 '마음 좋은 사람'이 되기로 결심하고, 마음을 수양하는 데 힘썼어요.

관직을 사고파는 모습을 본 창암

관상학
사람의 얼굴을 보고 그의 운명, 성격, 수명 따위를 판단하는 방법을 연구하는 학문이에요.

교주
한 종교 단체의 우두머리를 말해요.

도포
옛날 예복으로 입던 남자의 겉옷이에요. 소매가 넓고, 등 뒤에는 폭을 대지요.

창암, 동학 책임자가 되다!

창암이 관상학 책과 병서 등을 읽으며 지내고 있을 즈음, 세상에서 동학에 대한 이상한 소문이 들려왔어요. 동학의 교주인 최시형이 공중을 걸어다니며, 하룻밤 사이에 충청도를 왔다갔다 한다는 괴이한 소문들이 사람들 사이에 퍼진 거예요.

호기심을 느꼈던 창암은 직접 동학을 따르는 무리를 찾아가 보기로 했어요. 열여덟 살이 된 창암은 머리를 땋고 푸른 도포를 입어 예를 갖추고, 포동에 있는 오응선을 찾아갔어요.

이 곳에서 '모든 사람이 평등한 세상을 만든다.'는 가르침을 들은 창암은 동학에 입도해야겠다고 결심하지요. 집으로 돌아온 창암은 아버지와 의논하였고, 아버지는 창암의 동학 입도를 흔쾌히 승낙해 입도 준비를 도와주었어요. 그리고 창암은 동학에 입도한 뒤 1893년에 이름을 '김창수'로 바꾸었어요.

김창수는 동학도 중에서 가장 나이가 어린 접주(동학의 지역 책임자)가 됐어요. 팔봉산 아래에 산다고 해서 '팔봉 접주', 또는 가장 어린 접주라 하여 '애기 접주'라고도 불렸어요. 동학은 양반보다 신분의 차별을 받던 일반 백성들에게 더욱 인기를 끌었는데, 김창수 아래에도 수많은 백성들이 모여들어 점점 세력이 커졌지요.

9월경, 동학 최고 회의에서는 황해도 해주성을 공격해 탐관오리와 일본 사람을 혼내 주기로 결정하고 팔봉 접주 김창수를 **선봉**으로 내세우기로 했어요.

해주성을 공격하는 동학군을 그린 기록화예요. 가운데 깃발을 높이 든 인물이 김창수예요.

🏅 **선봉**
맨 앞에 나서서 전투를 이끄는 군대를 말해요.

🏅 **주둔**
군대가 무리를 지어 일정한 곳에 얼마 동안 머무르는 일을 말해요.

김창수는 이 전략에 따라 구월산 패엽사에 군사를 **주둔**시켰는데, 동학군끼리 싸움이 일어나 같은 동학군인 이동엽의 동학군에게 공격을 당하고 말았어요. 자신의 부하들을 잃은 김창수는 동학군을 잡으려는 관군에게도 쫓기는 신세가 되었어요.

여기서 **잠깐!**

'호심인'에 대해 알아보아요!

창암은 과거 시험장에서 부정 행위를 보고는 벼슬길에 오르려는 마음을 버렸어요. 창암이 관상학을 공부하면서 마음 속에 얻게 된 깨달음인 '호심인(好心人)'은 무슨 뜻인지 괄호 안에 그 뜻을 써 보세요.

호심인(好心人) ➡ (   )

☞ 정답은 56쪽에

스승 고능선과 만나다

관군에게 쫓기던 백범은 황해도 신천군에 사는 안 태훈 진사의 집에 몸을 피했어요. 백범은 오래 전부터 안 진사와 깊은 인연을 가지고 있었어요. 안 진사는 백범의 동학 접주 시절, 그의 기개와 인품을 높이 사 밀사를 파견해 서로 돕자는 약속을 했어요. 안 진사는 독립 의사인 안중근 의사의 아버지이기도 하지요.

누구보다도 백범의 마음을 잘 아는 안 진사는 피신 중인 백범을 위해 근처의 가옥을 하나 사서 백

여러 번 바뀐 백범의 이름

어렸을 때 이름은 김창암이에요. 동학에 입도하면서 김창수로 이름을 바꾸고 동학과 의병 활동을 했어요. 그 뒤 김구(龜)로 이름을 바꾸었는데, 신민회에서 독립 운동을 하다가 옥에 갇혔어요. 그 때 이름을 김구(九)로 바꾸고, 호를 백범으로 정한 뒤 나라를 되찾기로 결심하지요. 이 책에서는 이름이 바뀔 때마다 바뀐 이름을 쓰지 않고 백범으로 표기했으니, 혼동하지 말아요.

🐝 **진사**
조선 시대 과거의 예비 시험에 합격한 사람에게 준 칭호예요.

🐝 **밀사**
몰래 보내는 심부름꾼이에요.

🐝 **세계관**
세계를 이루는 인생의 의의나 가치에 관한 생각을 말해요.

범의 부모까지 모셔 오도록 배려했어요. 백범을 무척 아낀 안 진사는 거의 매일 사랑에서 백범과 시와 글을 나누며 지냈다고 해요.

그 시절, 백범은 또 한 사람과 아주 귀한 인연을 맺어요. 바로 스승인 후조 고능선과 만난 것이지요.

고능선

고능선은 '목표를 세우고, 행하기에 힘쓰라.'는 가르침을 시작으로, '판단, 실행, 계속'의 세 단계로 일을 성취해야 한다는 등 좋은 말씀을 많이 들려주었어요. 백범은 이 모든 가르침을 가슴에 깊이 새겼지요. 이 때부터 민족적인 시각과 함께 새로운 세계관을 갖게 되었어요. 또한 서서히 자신만의 민족 의식을 만들어 갔어요.

고능선에게 가르침을 받는 백범

청나라 시찰 길에 오르다

스승인 고능선의 충고대로 백범은 나라를 위한 길을 찾기 위해 청(당시의 중국)으로 떠났어요. 백두산을 거쳐 청으로 가는 동안 백범은 일찍부터 발달한 함경도의 교육 제도와 지붕에 풀을 키워 흙이 떠내려가지 않도록 방지하는 '봇껍질' 등 특별한 경험들을 많이 하게 되었어요.

그리고 우리 민족의 현실도 목격했어요. '호통사'라고 불리는 사람들이 중국인들의 편에 서서 동포들의 돈과 곡식을 빼앗는 등 나쁜 짓을 많이 저지르고 있었지요. 백범은 같은 민족끼리 괴롭히는 것을 보고 마음이 아팠어요. 이런 일들을 겪으면서 힘이 약한 동포들을 돕기 위해 백범은 자신과 뜻을 같이 하는 사람들을 모으기도 했어요.

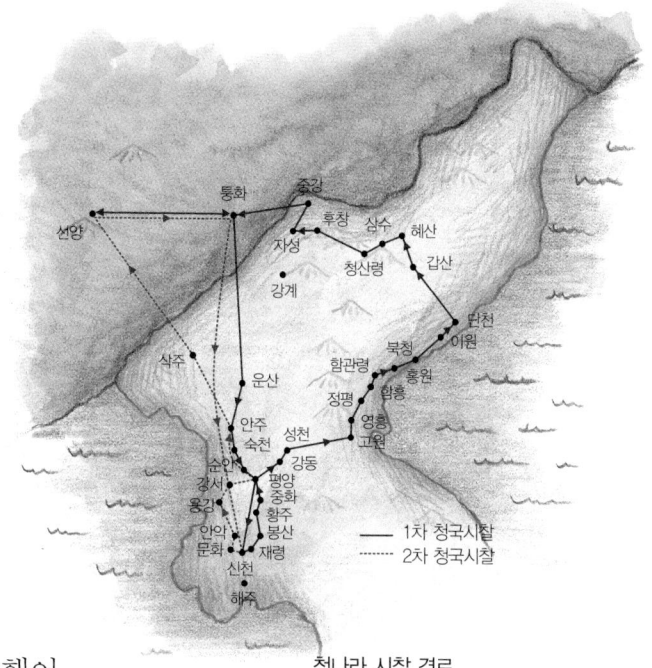

청나라 시찰 경로
청나라 시찰을 통해 우리 민족의 현실을 깨닫고 민족 의식을 키워 갔어요.

백범의 은둔 생활과 청나라 시찰에 관한 자료들이 전시되어 있어요.

의병 활동에 참여하다

백범은 청으로 떠날 당시 그 지역의 의병이 청나라 군대와 연합한다는 소식을 듣고 의병 조직에 **가담**하기로 했어요. 그러고는 비밀리에 강계성에 들어가서 화약을 산 뒤 등에 지고 압록강을 건너기도 하고, 압록강 기슭에 있는 초산에 몰래 숨어들어가 포수를 모집하기도 했지요. 그러나 그 지역 의병을 이끌던 대장 김이언의 잘못된 판단으로 의병 활동은 실패로 끝나 백범은 결국 고향으로 되돌아왔지요.

🦋 **가담**
한편이 되어 일을 함께 하거나 돕는 것을 뜻해요.

농민으로부터의 혁명, 동학 농민 운동

1860년, 동학이 창시될 무렵의 상황은 백성들에게는 암울하고, 희망이 없는 세상이었어요. 안동 김씨 가문의 세도 정치는 극에 달해 백성들의 삶은 너무나 황폐해졌지요. 특히 백성들은 가혹한 세금에 시달리고 있었어요. 탐관오리들은 군대를 가야할 사람에게 걷는 군포를 죽은 사람 또는 어린아이에게까지 내게 하거나, 토지의 면적을 부풀려 더 많은 세금을 받아갔어요. 이러한 세도 정치의 상황에서 백성들은 떠돌아다니거나, 화전민*이 되거나, 간도 지방으로 도망가기도 했지요. 또, 나라 밖으로는 세계 열강으로부터 문호를 개방하라는 압박을 받고 있었지요. 이런 상황에서 서양 침략 세력을 배척*하고 탐관오리들의 수탈을 막아, 조선 사회를 새롭게 만들려는 동학이 일어난 거예요.

동학은 '사람이 곧 하늘이요, 하늘이 곧 사람'이라는 사상을 가지고 있었어요. 동학은 모든 인간은 평등하다는 사상을 바탕으로 농민들을 중심으로 퍼져 갔어요. 이렇게 동학이 빠른 속도로 퍼져 나가자, 조선 정부에서는 그들을 탄압하기 시작했어요. 그러자 농민들이 들고 일어났어요.

제1차 동학 농민 운동은 1894년 봄, 고부와 무장에서 시작했어요. 고부 군수인 조병갑의 횡포를 견디지 못한 농민들이 관아를 습격한 데서 시작한 것이 전국적으로 확대되었어요. 한 고을의 문제를 넘어서서 각 지역의 농민들이 힘을 합해 부패하고 무능한 정부와 싸운 것이지요. 그 뒤 전봉준을 비롯한 농민군은 탐관오리를 몰아내고 보국안민의 정신으로, 정읍·흥덕·고창·등지를 차례차례 점령했어요. 농민군은 이 기세를 몰아 전라도의 중심지인 전주성까지 입성했어요. 이에 놀란 정부는 청과 일본에 군대를 요청했고, 농민군은 '폐정 12개조'라는 요구 사항을 전달해 낡은 시대의 모순을 바꾸어 나갔어요. 농민군은 집강소*를 차리고 어느 정도 자신들의 목표를 해결해 나갔어요.

그러나 일본의 침략이 점차 거세지면서 전봉준을 비롯한 농민군은 다시 한 번 일어났어요. 조선을 호시탐탐 노리던 일본이 일으킨 청·일 전쟁은 농민들에게도 아주 참혹했어요. 전쟁을 빌미로 농민들에게 식량을 강제로 거두어 가고, 싼값으로 농민을 부려 먹었어요. 이제 농민들의 분노는 탐관오리에서 일본으로 향했지요.

전라도 삼례 지방에서 시작된 봉기는 충청도·경상도·강원도·황해도 등 전국적으로 번졌어요. 그러나 농민군은 청·일 전쟁에서도 이긴 일본의 군사력을 당해 낼 수 없었지요. 결국 동학 농민 운동은 실패로 끝났고, 동학 농민을 이끈 녹두 장군 전봉준은 일본군에 잡혀 죽임을 당했어요.

동학 농민 운동은 비록 실패했지만, 부정부패한 정부와 외국 세력에 항거해 농민이 스스로 일어났고, 농민 중심으로 전개된 혁명이었다는 점에서 큰 의미가 있답니다.

*화전민 : 산간 지대에 풀을 태워 그 땅을 일구어 농사를 짓는 사람이에요.
*배척 : 따돌리거나 거부하여 밀어 내치는 것을 말해요.
*집강소 : 조선 후기 동학 농민 운동 때 동학 농민군이 전라도 지방에 설치한 자치적 개혁 기구예요.

보국안민
나라의 기둥이 되어 백성의 삶을 보살피자는 농민군의 마음이 깃들어 있어요.

輔國安民

치하포에서 의거하다

의병 활동이 실패로 끝나고 백범이 다시 고향으로 돌아가던 길이었어요. 배를 타고 황해도의 치하포까지 왔을 때, 백범은 배 안에서 행동이 수상한 사람을 발견했어요. 일본인으로 보이는 그 사람은, 조선 사람의 복장을 하고 허리에 긴 칼까지 차고 있었어요. 그 뒤 배 안에서 만났던 일본인을 주막

치하포 의거와 관련한 자료를 전시하고 있어요.

에서 마주친 백범은 그 사람이 명성 황후를 시해한 사람 중 하나라고 여겼어요. 백범은 국모의 원수를 갚고 나라의 수치를 씻는다는 마음으로 그를 처단했지요.

이 사람은 '스치다'라는 일본의 육군 중위였어요. 백범은 이 일본인이 가진 돈 중에서 일본인이 내지 않은 뱃삯을 지불하고, 나머지는 가난한 집에 나누어 주었어요. 그리고 주막의 한쪽 벽에 "국모의 원수를 갚을 목적으로 이 왜놈을 죽였노라."라는 글과 '해주 백운방 텃골 김창수'라고 당당히 자신의 신분을 밝히는 글을 써서 붙여 놓고는 집으로 돌아갔어요.

명성 황후 시해 사건

'을미사변'이라고도 하는데, 1895년(고종 32) 일본의 자객들이 경복궁을 습격해 명성 황후를 죽인 사건을 말해요. 일본 공사 미우라 고로 등이 친러파 세력을 없애기 위해 일으켰어요. 이 일로 위협을 느낀 고종 황제는 자신의 거처를 러시아 공사관으로 옮겨 피신했지요.

치하포에서 명성 황후 시해의 복수를 한 백범

옥중에서 새로운 문물을 접하다

이 사건이 일어난 지 3개월 뒤 백범은 순검(그 당시의 경찰)에게 체포되어 해주에서 감옥 생활을 했어요. 심문이 시작되고 팔과 다리가 부러지는 악형을 당했지만, 백범은 자신이 한 일이 잘못이라고 인정하지 않았어요. 다시 인천 감리서로 옮겨

백범이 수감되었던 해주 감옥

진 백범은 일본인을 죽인 것은 명성 황후 시해에 대한 복수라고 밝히고, 오히려 심문에 참석한 일본 관리의 잘못을 꾸짖었어요. 재판에 참여한 관리들의 입을 통해 백범의 당당하고 의연한 모습이 알려지면서 많은 사람들이 백범의 사면을 위해 노력했어요. 그러나 결국 백범은 사형 선고를 받았어요.

감옥에 있는 동안 백범은 독서에 힘쓰며, 함께 갇혀 있는 죄수들에게 글을 가르쳐 애국 정신을 일깨워 주었어요. 또, 독서를 통해 현재 우리 나라에서 가장 급한 과제는 일본인 몇 명을 없애는 게 아니라, 백성들을 가르쳐 나라를 부강하게 만드는 일이라고 생각하게 되었어요.

🌸 심문
법원이 당사자나 그 밖에 이해 관계가 있는 사람에게 사실을 말할 수 있는 기회를 주는 일이에요.

🌸 사면
죄를 용서하여 형벌을 받지 않게 해 주는 것이에요.

백범의 어머니 곽낙원 여사의 동상과 백범이 어머니를 그리며 쓴 '북망자운'이라는 휘호가 전시되어 있어요. 수감된 백범을 위해 허드렛일을 마친 어머니가 찬밥을 얻어 감옥으로 가는 모습이에요.

감옥에 갇힌 백범의 소식을 들은 고종은 백범의 사형을 정지하라고 명령했지요. 백범은 더 이상 감옥에 있을 필요가 없었지만, 일본의 방해 때문에 감옥에서 나올 수가 없었어요. 이에 백범은 나라를 위한 더 큰일을 하기 위해 죄수 몇 명과 함께 탈옥했어요.

교육 활동에 힘쓰다

1898년 감옥에서 빠져나온 백범은 일본 경찰의 감시를 피하기 위해 충청남도 공주에 있는 마곡사라는 절에서 승려 생활을 했어요. 마곡사에서는 백범에게 승려가 되기를 권했지만, 백범은 승려가 될 생각이 없었어요. 얼마 뒤 마곡사를 떠난 백범은 부모와 함께 영천암에서 절의 책임자로 지내기도 하며 1년 정도 떠돌아다니는 생활을 했어요. 그 다음 해 승복을 벗은 백범은 창수에서 '구(龜)'로 이름을 바꾸었어요. 그 뒤 고향에서 농사일을 하다가 1903년 장연으로 이사해 교육 활동에 전념했어요. 백범의 동지였던 오인형의 집 사랑채에는 봉양 학교를, 1906년에는 광진 학교를 설립했어요.

마곡사

김구와 황해도 장연의 광진 학교 교사와 학생들(1906년)

황해도에서의 교육 활동

1905년 을사조약이 강제로 체결되자, 진남포 에버트 청년회의 총무였던 백범은 서울에서 이동녕, 전덕기, 이준 등과 함께 을사조약의 **파기**를 청원하는 상소와 을사조약에 반대하는 모임을 가졌어요. 그러나 이와 같은 행동이 별 효과가 없다는 것을 느끼고는 "지식이 얕고 애국심이 부족한 국민들에게 나

파기
계약, 조약, 약속 따위를 깨뜨리는 것을 말해요.

을사조약
1905년(조선 광무 9)에 일본이 우리나라의 외교권을 빼앗기 위해 강제로 맺은 조약이에요. 오조약, 을사오조약, 제2차 한일 협약이라고도 하지요.

라가 곧 자기 집이라는 것을 깨닫게 하기 전에는 무엇으로도 나라를 구할 수 없다."는 신념으로 다시 황해도로 돌아와 본격적인 교육 운동을 펼쳤어요.

백범은 서른셋이 되던 해에 '서명의숙' 이라는 사립 학교에서 농촌 아이들을 가르쳤어요. 또 일본에서 유학한 최광옥을 초빙해 교사 강습회를 열고, 교육 보급을 위한 단체인 '해서교육총회' 를 설립했어요. 당시 백범은 안악에 있는 양산 학교의 교사로도 일하면서 재령에 있는 보강 학교를 맡아 양쪽 학교를 왔다 갔다 하며 교육 활동에 힘썼어요.

또, 당시에는 첨단 기기였던 환등기를 가지고 황해도 지역을 돌면서 교육 운동을 펼쳤지요. 특히 고향에서 환등회를 열 때에는 "양반도 깨어라! 상놈도 깨어라!" 라고 외치며 새로운 문물과 학문에 눈뜰 것을 강조했어요.

환등회에서 백범이 강연하는 모습을 모형으로 만들었어요. 하얀 천 위에 환등기로 비춘 화면을 사람들이 구경하고 있네요.

환등회에서 백범은 일본 군인들의 농가 약탈 행위를 꾸짖었어요. 여기에서도 백범의 강직한 성품이 엿보이지요. 하지만 곧 백범은 해주옥에 갇히고 말아요. 그러나 안중근 의사의 사건과 연관이 없다는 것을 알게 된 일본은 백범을 불기소로 풀어 주었어요.

🎞️ **환등기**
환등 장치를 이용해 그림, 필름 따위를 확대하여 스크린에 비추는 기계예요.

🎞️ **불기소**
죄가 되지 않거나 범죄를 증명하지 못할 때 검사가 공소를 제기하지 않는 것이에요.

여기서 **잠깐!**

다음 중 백범이 한 일이 아닌 것은 무엇일까요? (　　　　)

① 마곡사에서 승려 생활을 했어요.　　② 을사조약 반대 시위 집회를 했어요.
③ 서명의숙에서 학생들을 가르쳤어요.　　④ 환등기로 영화를 상영했어요.

도움말 백범은 황해도 지역을 돌면서 교육 운동을 펼쳤어요.

📖 정답은 56쪽에

비밀 결사 조직에서 일하다!

신민회는 1907년 안창호와 양기탁, 이동녕 등 독립 운동가 7인이 주도해 만든 비밀 결사 조직이에요. 학교를 세워 인재를 기르고, 잘 훈련된 군대를 만들기 위해 무관 학교를 설립하는 등

전시관에서 백범의 신민회 활동을 살펴볼 수 있어요.

독립을 위한 여러 가지 활동을 했어요. 신민회는 주로 서북 지방의 기독교인들을 중심으로 널리 퍼져 나갔어요. 백범은 신민회의 비밀 회의에 참석하면서 이 단체에 참여했어요. 비밀 회의에 참석한 독립 투사들은 만주로 이민하는 계획과 무관 학교 설립 등을 의논했는데, 백범 역시 이를 위해 자금을 모으기로 했어요. 백범은 토지와 가지고 있던 재산을 팔고, 동지를 모으는 등 독립 운동 자금을 마련하려고 바쁘게 움직였지요.

신민회를 만든 안창호

신민회의 비밀 회의에 참석한 백범 김구

안악 사건, 105인 사건과 세 번째 투옥

신민회에서 황해도 지역의 자금 모금 책임자로 활약하던 백범은 안악에서 활동하던 중 안명근을 알게 되었어요. 안명근은 북간도로 가서 독립군을 양성할 계획을 세우고 백범에게 도움을 청했어요. 백범은 장래 조국의 독립을 위해서는 우리 스스로 실력을 키워야 한다며 안명근을 타일렀어요.

🐝 밀고
남몰래 넌지시 일러바치는 거예요.

그러나 1911년 12월, 누군가의 밀고로 안명근은 평양에서 체포되었는데, 이것이 바로 안악 사건이에요. 이 사건을 빌미로 일본은 600명의 신민회 회원들을 붙잡아 이 중 105명을 기소해요. 바로 '105인 사건'이지요.

105인 사건으로 체포되어 재판정으로 끌려 가는 신민회원들

백범 역시 안악 사건에 관련되어 경성으로 압송됐어요. 심문실로 끌려간 백범은 정신을 잃을 정도로 모진 고문을 당했지만, 일본에 굴복하지 않았어요. 오히려 다른 감방에 갇힌 동지들을 격려하면서 견뎠지요. 서대문 감옥에 수감된 백범은 수십 명이 갇힌 비좁은 방에서 아주 적은 양의 음식으로 생활하며, 낮에는 일본의 군수 물자 생산에 동원되었어요. 하지만 백범은 독립에 대한 의지를 더욱 다지며, 일제의 호적에서 빠진다는 뜻에서 이름을 음은 같지만 뜻은 다른 '구(九)'로 바꾸었어요. 그리고 우리 나라 사람 모두가 나라를 사랑하는 마음을 가지기를 바라면서 낮고 평범한 사람을 뜻하는 '백범(白凡)'으로 호를 정했지요.

🐝 기소
검사가 범죄 사건에 대해 법원에 심판을 요구하는 일이에요.

안악 사건

일명 '안명근 사건'이라고 불리는데, 1910년 12월 안중근 의사의 사촌인 안명근이 황해도 신천에서 무관 학교의 설립 자금을 모집하다가 체포된 사건이지요. 일본은 이 사건을 데라우치 총독 암살을 위해 군자금을 모집한 것으로 꾸며 관련된 사람들 160여 명을 일제히 검거했어요.

자주 독립 국가를 꿈꾸다!

 1919년 3월 1일, 일본의 강압적인 지배에 저항하는 3·1 운동이 일어났어요. 그리고 같은 해 대한 민국 임시 정부가 세워졌어요. 일본은 우리 민족의 강렬한 저항을 보고는 이른바 '문화 통치'라는 이름을 내걸면서 우리 나라를 더욱 교묘하게 지배했어요. 1930년대에 들어서면서 일본은 민족 말살 통치를 통해 우리 민족의 저항 의식을 잠재우는 한편, 일본의 세력 확대를 견제한 미국과 태평양 전쟁을 벌였어요. 일본은 전쟁에 필요한 자금과 물자를 확보하기 위해 우리 나라를 더욱 강력하게 수탈했지요.

승승장구할 것 같던 일본의 기세는 미국이 원자 폭탄을 투하하자, 결국 항복을 선언하며 꺾이고 말았어요. 우리의 독자적인 독립 운동으로 인한 결과는 아니었지만, 일본의 패망으로 드디어 우리 나라는 광복을 맞이하게 되었어요.

그러나 우리 나라는 광복을 맞이한 뒤에도 완전한 독립 국가를 세우지는 못했어요. 카이로 회담과 얄타 회담을 거치면서 미국과 소련의 손에 우리 나라의 운명이 남과 북으로 나뉘는 상황에 놓이게 된 거예요. 이렇게 혼란스러운 상황 속에서 백범은 남과 북을 오가면서 자주적이고 민주적인 통일 국가를 만들기 위해 애썼어요.

이제부터는 급변하는 정세 속에서 광복 후의 우리 나라와 민족을 위해 애쓴 백범의 발자취를 따라가 보아요.

대한 민국 임시 정부가 수립되다!

상하이 임시 정부의 사진과 대략적인 설명을 살펴볼 수 있어요.

🦋 옌하이저우
러시아의 남동쪽 끝에 있는 지방이에요. 두만강을 사이로 우리 나라와 국경을 이루고 있어요.

전시관 2층에서 가장 먼저 만나는 것은 상하이에 있던 대한 민국 임시 정부 자료랍니다. 3·1 운동이 일어났던 1919년, 우리 나라에는 여러 개의 임시 정부가 있었어요. 우리가 알고 있는 중국 상하이 임시 정부뿐 아니라 국내에는 한성 정부가, **옌하이저우**에는 대한 국민 의회가 있었어요. 3·1 독립 선언 이후 체계적인 독립 운동을 전개해 나가려면 강력한 지휘 본부가 필요했는데, 상하이 임시 정부가 중심이 돼 임시 정부들을 통합했어요. 대한 민국 임시 정부는 '민주 공화제'를 채택하고, 대통령에는 이승만, 국무총리에는 이동휘를 뽑아 힘찬 첫걸음을 내딛었어요.

백범 역시 상하이 임시 정부 수립 소식을 듣고 상하이 망명 길에 올랐어요. 3·1 운동 이후 새로운 활동 지역을 찾아나서게 된 것이지요. 상하이에 도착한 백범은 이동녕을 통해 곧바로 임시 정부가 하는 일에 참여했어요. 평소 '독립된 정부의 문지기'가 되기를 소원했던 백범은 안창호의 추천으로 경무 국장이 되었어요. 안창호는 백범에게 정부 청사를 지키고 경찰, 정보, 검찰, 법원 등의 기능을 모두 처리하게 하는 중요한 임무를 맡겼어요.

대한 민국 임시 정부 신년 축하식(1920년 1월)

국내와 비밀 연결망을 만들다!

대한 민국 임시 정부는 가장 먼저 국내와 임시 정부 사이의 비밀 행정 조직망을 만들었어요. 그 중 가장 대표적인 것이 '연통제'와 '교통국'이에요.

연통제는 임시 정부의 지방 행정 조직으로, 각 도에는 독판, 군에는 군감, 면에는 면감을 두어 정부의 문서와 명령을 전달했어요. 또 교통국은 통신 기관으로, 국내외의 정보를 수집·분석·교환·연락하는 업무를 했어요.

임시 정부는 활동에 필요한 비용을 만들기 위해 애국 공채를 발행하고 국민 의연금을 받기도 했어요. 공채는 나라가 지는 빚인데, 임시 정부가 발행한 공채는 광복 후에 임시 정부가 갚아야 하는 비용이에요. 애국 공채와 국민 의연금으로 모인 군자금은 연통제와 교통국의 조직을 통해 임시 정부에 전달되었어요. 또, 임시 정부의 위장 회사들을 통해 중간에 모았다가 한꺼번에 전달되기도 했지요. 연통제와 교통국 조직은 계속되는 일본의 방해 공작으로 그 뒤 서서히 무너지게 되었어요.

임시 정부와 위장 회사

임시 정부와 연관이 있는 위장 회사들로는 만주의 '이륭양행'과 부산의 '백산상회'가 있어요. 이륭양행은 아일랜드 사람 쇼가 경영하던 무역 회사였는데, 통신 연락이 쉬워 무기를 국내로 들여오거나 망명 인사의 길 안내를 하는 등 독립 운동의 근거지 역할을 했어요. 특히 백산상회에서 안희제를 중심으로 활동하는 조직을 '임정 36호'라고 불렀다고 해요.

🪶 **독판, 군감, 면감**
각각 오늘날의 도지사·군수·면장에 해당하는 직급이에요.

🪶 **위장**
본래의 정체나 모습이 드러나지 않도록 거짓으로 꾸미는 것을 말해요.

여기서 **잠깐!**

다음 괄호 안에 들어갈 말을 보기 에서 찾아보세요!

대한 민국 임시 정부의 비밀 행정 조직망 중 대표적인 것은 (   )와 (   )이다.

| 보기 | 공채 | 연통제 | 조계지 | 교통국 | 국정원 |

(   ), (   )

☞ 정답은 56쪽에

상하이 생활과 그리운 가족

부인 그리고 장남 인과 함께한 백범(1922년)

1904년 백범은 당시 16세인 최준례와 결혼했어요. 그 뒤 감옥을 드나들면서 독립 운동에 전념하다가 큰아들이 태어난 지 석 달 만에 상하이 망명 길에 올라 가족과 지낸 시간은 얼마 되지 않았어요. 1919년 상하이에 도착한 백범은 독립 운동가의 집에서 지내다가 부인과 아들이 상하이로 오면서, 이 때가 백범으로서는 가정의 행복을 맛본 유일한 때이기도 했어요.

2년 뒤에는 어머니도 상하이로 왔고, 그 해 둘째 아들 신이 태어났어요. 그러나 부인이 둘째 아들을 낳고 몸이 허약해지고, 또 사고 후에 병을 얻어 숨을 거두었어요. 당시 일본의 표적이 되었던 백범은 프랑스 조계 지역 밖으로 한 걸음도 나갈 수 없어 부인의 임종조차 지켜보지 못했어요.

🦋 **조계**
19세기 후반 영국, 미국, 일본 등 8개국이 중국을 침략하기 위해 만들었던 외국인 거주지예요.

🦋 **임종**
죽음을 맞이하는 것을 말해요.

추락하는 임시 정부를 되살린 백범

국민대표회의를 열어 임시 정부의 향후 대책을 논의하고 있어요.

일본에 의해 연통제와 교통국 조직이 무너지면서 임시 정부는 자금난과 인력난에 시달리게 되었어요. 임시 정부의 외교 방법에 불만이 많았던 무장투쟁파는 임시 정부를 대대적으로 고칠 것을 요구해, 1923년 상하이에서 '국민대표회의'가 열렸어요.

백범이 내무총장에 취임한 시기는 바로 이 국민대표회의가 열릴 때였어요. 그런데 국민대표회의에서 임시 정부를 해체하고 새 정부를 수립하자는 쪽으로 기울자, 백범은 국민대표회의를 반대했어요. 어수선했던 임시 정부는 다시 평온을 되찾았고, 백범은 국무총리 이동녕과 함께 국민대표회의라는 **외풍**을 막아 내며 혼란스러운 상황을 정리해 나갔어요.

전시관에 꾸며져 있는 상하이 임시 정부의 백범 집무실

국민대표회의에서 불거진 문제들을 해결하기 위해 백범이 풀어야 할 숙제는 임시 정부를 재정비하는 것이었어요. 백범은 서두르지 않고 하나씩 차례로 처리해 나갔어요. 먼저 헌법을 바꾸어 대통령 중심제 대신 국무령 중심제를 만들었어요. 국무령 자리에 여러 사람이 **천거**되었지만, **내각**을 만드는 일은 연이어 실패했지요. 이런 일이 반복되자, 정부는 혼란 상태에 빠져들었지요. 이런 위기의 상황에서 국무령으로 취임한 백범은 임시 정부를 안정적으로 운영하려고 국무 위원 중심의 지도 체제를 만들었고, 더 많은 독립 운동가들을 임시 정부로 흡수하기 위해 애썼어요.

외풍
밖에서 들어오는 바람을 뜻하는데, 밖에서 들어오는 압력을 비유한 말이에요.

천거
어떤 일을 맡아 할 수 있는 사람을 그 자리에 쓰도록 소개하거나 추천하는 일이에요.

내각
국가의 행정권을 담당하는 최고 합의 기관이에요.

나라 사랑의 기록, '백범일지'

백범일지는 백범이 임시 정부의 국무령이 된 이후인 1928년부터 쓰여졌어요. 일본의 탄압이 심해지면서 조국의 독립을 위한 삶을 결심한 백범이 고국에 있는 두 아들에게 남기는 유서 형식의 글이에요. 상하이와 충칭에서 쓴 글에 다시 글을 덧붙이는 방식으로 쓰여졌지요. 책을 읽다 보면 글의 행간마다 백범의 나라 사랑하는 마음을 진하게 느낄 수 있을 거예요.

나라는 내 나라요, 남들의 나라가 아니다. 독립은 내가 하는 것이지 따로 어떤 사람이 하는 것이 아니다. 우리 민족 삼천만이 저마다 이 이치를 깨달아 이대로 행한다면, 우리 나라가 독립이 아니될 수 없고, 또 좋은 나라 큰 나라로 이 나라를 보전하지 아니할 수 없는 것이다. 나 김구가 평생에 생각하고 행한 일이 이것이다. – '머리말' 중에서

백범일지

29

한인 애국단을 결성하다!

　1930년 11월, 국무 위원 임기 3년이 끝난 백범은 다시 국무 위원으로 선출되면서 지금의 재정경제부 장관과 같은 재무장을 맡게 되었어요. 그 당시 임시 정부의 상황은 매우 어려워 건물세를 내고 나면 운영 경비가 없어서 고용원을 한 명도 둘 수 없었어요. 심지어 백범은 배가 고파 쓰레기통 안의 배추 잎을 주워 먹기도 하는 처절한 지경에 놓였지요.

　백범은 어려움을 극복하기 위해 미국, 하와이, 멕시코, 쿠바 등에 있는 해외 동포들에게 편지쓰기 일을 시작했어요. 해외 동포들에게 조국의 독립을 위해 임시 정부에 자금을 협조해 달라는 편지를 보냈지요. 백범의 정성과

백범은 편지 쓰기 일을 통해 임시 정부의 자금을 모으기도 했어요.

🐢 **의열 투쟁**
주로 독립 운동가 개개인이 일본에 대항해서 무력으로 투쟁하는 것을 말해요.

계획이 알려지면서 시카고, 하와이, 샌프란시스코 등지에서 의연금이 속속 도착하기 시작했어요. 이러한 자금을 발판으로 백범은 '한인 애국단'을 조직하고 **의열 투쟁**을 계획하게 되었지요.

한인 애국단의 활약상, 이봉창·윤봉길 의거

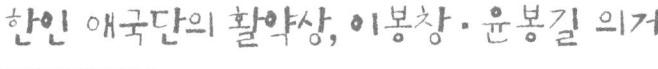

　어느 날 한 청년이 백범을 찾아와 폭탄만 있다면 일본 왕을 죽일 수 있다고 장담했지요. 청년의 두둑한 배짱을 높이 산 백범은 그에게 일본 왕의 암살을 맡겼어요. 청년은 한인 애국단에 가입한 뒤 다시 일본으로 파견되었어요. 그리고 일본 도쿄 경시청 앞

이봉창 의사 한인
애국단 입단 선서문
(1931년 12월)

이봉창 의사

에서 열린 일본 왕의 **관병식**에서 일본 왕이 탄 마차 행렬에 수류탄을 던졌어요. 이 청년이 바로 이봉창 의사예요. 천황을 죽이는 데는 실패했지만, 이 의거 소식이 알려지면서 임시 정부의 **위상**이 높아지고, 세계 각지에서 재정적인 지원도 뒤따랐어요. 또, 중국의 각 신문들도 이봉창 의거를 보도하면서 "폭탄이 불행히도 명중하지 못했다."고 보도했어요. 이를 빌미로 일본은 '상하이 사변'을 일으켜 중국을 침략했지요.

승리한 일본은 1932년 4월 홍커우 공원에서 상하이 침공 승전 축하 행사를 열었어요. 일본 영사관은 일본인들에게 물병과 도시락, 일장기만을 가져오라고 신문으로 통지했지요. 이를 좋은 기회라고 생각한 백범은 물통형과 도시락형 폭탄을 제조해 한인 애국단원인 윤봉길 의사에게 전달했어요.

윤봉길 의사는 군중들 사이로 나아가 일본 총사령관이 있는 단상을 향해 폭탄을 던졌어요. 그 자리에서 일본 무관들이 죽고, 7명이 상해를 입었어요.

윤봉길 의사의 의거 직후 백범은 몸을 피해 있다가 정부 요인의 체포 소식을 듣고 나서 이봉창 의거와 윤봉길 의거가 모두 자신이 주도한 일임을 발표했어요.

🏵️ **관병식**
지휘관이 군대를 사열하는 의식을 말해요.

🏵️ **위상**
관계 속에서 가지는 위치나 상태를 뜻해요.

백범과 윤봉길 의사(1932년 4월 26일)

여기서 잠깐!

윤봉길 의사가 던진 폭탄을 알아맞혀 보세요!

다음 문장을 읽고 윤봉길 의사가 던진 폭탄이 무엇인지 써 보세요.

( )

중국 상하이 홍커우 공원에서 윤봉길 의사가 던진 폭탄은 지금까지 알려진 것과는 다른 것이라고 해요. 도시락 폭탄은 윤봉길 의사가 자결용으로 가지고 있었으나, 끝내 터뜨리지 못한 채 체포되고 말았지요. 일본 내무성 자료에 따르면, 폭탄은 성인 남성의 손바닥만 한 크기로, 타원형이라고 해요. 병마개 안에 있는 끈을 잡아당겨 던지면 바로 폭발하도록 설계된 것이랍니다.

☞ 정답은 56쪽에

피난 생활을 시작한 임시 정부

백범의 현상금

백범이 이봉창·윤봉길 의거의 배후자로 밝혀지자, 일본은 백범을 찾기에 혈안이 되었어요. 그래서 1차로 당시 돈으로 20만 원의 현상금을 걸었어요. 그러나 백범의 체포가 어렵게 되자, 다시 현상금을 60만 원까지 올렸어요. 현재의 화폐 가치로 따지면 무려 198억 원이나 되는 큰 돈이라고 해요.

상하이 프랑스 조계는 1932년까지 독립 운동의 핵심 기지였어요. 그런데 이봉창·윤봉길 의거 이후 프랑스에서는 더 이상 조계 안에 있는 임시 정부와 임시 정부 요인들을 보호할 수 없게 됐어요. 결국 백범을 비롯한 임시 정부 요인들과 그 가족들은 자싱과 항저우로 탈출하기 시작했지요.

백범은 잠시 임시 정부와 떨어져 피신 생활을 하는 와중에도 독립 운동에 대한 끈을 놓지 않았어요. 임시 정부의 조직을 가다듬어 독립 운동 세력을 한데 모으고, 독립군을 양성하기 위해 꾸준히 노력했어요.

임시 정부는 다시 전장으로 청사를 옮겼고, 정부 요인들은 난징 성 안으로 이동했어요. 그러나 난징이 일본군에게 점령되려고 하자, 임시 정부 요인과 가족들은 무한으로 다시 피난을 떠났고, 곧이어 창사로 갔다가 남쪽 끝인 광저우로 떠났어요. 계속해서 일본군에 쫓기게 되자, 다시 방향을 돌려 당시 중국 국민당 정부가 전쟁을 벌이던 때에 수도로 삼고 있던 충칭으로 자리를 옮겼어요.

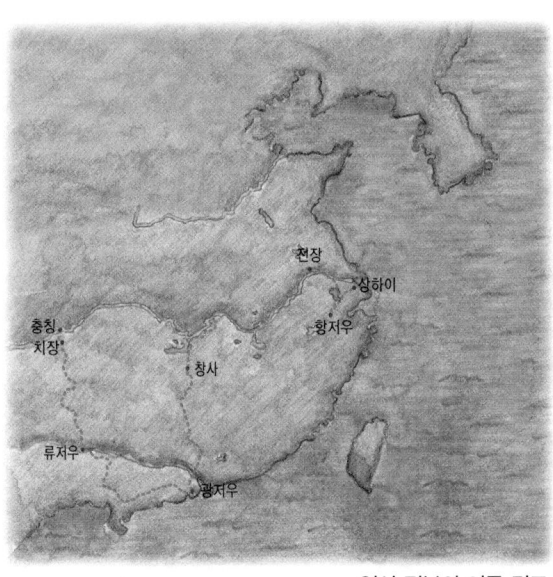

임시 정부의 이동 경로

한국 광복군의 밑거름, 군사 간부를 키우다!

1930년대에 일본이 만주 사변을 일으키면서 독립군의 활동은 예전과 조금 달라졌어요. 항일 의식을 가진 중국군과 연합한 것이지요. 만주에서 활약하던 한국 독립당과 한국 독립군도 동북 항일연군과 연합하면서 항일 투쟁을 위해 노력했어요. 그러나 일본군 및 만주국군들의 공격에 밀려 조직이 무너지자, 중국 관내 지역으로 이동

전시관에서 임시 정부가 군사력을 양성하기 위해 노력했던 시기의 자료들을 볼 수 있어요.

하려고 했지요. 이들은 기존 세력과 연합하려고 노력했는데, 결국 박찬익을 매개로 백범과 연합하는 데 성공했어요.

윤봉길 의거 이후 백범은 장제스와 회담을 가졌어요. 그 결실로 한인 청년들을 중국 군관 학교에 입학시켰어요. 뤄양 군관 학교에는 한인 청년을 위한 특별반이 마련되었고, 이 곳에서 백범과 지청천 및 김원봉이 각각 파견한 청년들은 군사 간부로 성장했어요. 중국 관내로 이동한 독립군 총사령관 지청천은 백범의 초빙으로 이 특별반의 교관 및 책임자가 되었어요.

임시 정부는 창사와 광저우를 거쳐 치장으로 이동한 이후 1939년 당시 중국으로 건너온 우리 나라 사람들을 모집한 뒤, 군사 특파단을 조직해 시안으로 보냈어요. 군사력을 키우고 이를 바탕으로 일본군과 전쟁을 치르겠다는 생각이었지요. 이러한 전략은 1940년 한국 광복군이 만들어지는 바탕이 되었어요.

> **매개**
> 둘 사이에서 양편의 관계를 맺어 주는 것을 말해요.

중국군과 함께 훈련받는 독립군

광복군의 활약과 좌우 합작

1939년 충칭에 도착한 임시 정부는 차츰 안정을 되찾으며 다시 한 번 체제를 가다듬었어요. 1940년 5월에는 민족주의 세력을 통합하여 한국 독립당을 만들고, 10월에는 주석제를 도입해서 강력한 지도 체제를 갖추었지요. 뿐만 아니라 독립 운동을 위한 군대를 만드는 데에도 힘을 쏟아 같은 해 9월 17일에 한국 광복군을 만들었어요.

전시관에 있는 충칭 임시 정부 청사 모형

광복군이 처음 만들어질 때는 총사령관을 지청천으로, 참모장을 이범석으로 삼아 3개의 지대로 군대를 갖추었어요.

한국 광복군이 만들어진 이듬해인 1941년, 태평양 전쟁이 일어났어요. 대한 민국 임시 정부는 즉시 대일 선전 포고를 발표하고, 한국 광복군을 연합국의 일원으로 참전시켰어요. 연이어 독일에 대한 선전 포고도 발표해 국제적으로 위상을 높이려고 했지요. 광복군은 중국군과 연합해 일본에 대항하고, 미얀마·인도 전선에 파견되어 영국군과 함께 연합 작전을 펼쳤어요.

한국 광복군의 노력이 절정을 이루었던 것은 국내 진공 작전 계획을 세운 것이었어요. 국내 진입 계획은 중국에 주둔하고 있던 미군과 연합해 추진했던 전략이었어요. 미국전략정보국(OSS)과 연결해 국내 진공군을 만들어 특수 훈련을 시작하고, 비행대를 만드는 등 국내 진입

지대
본 부대에서 갈라져 나와 있는 소규모 부대를 가리켜요.

한국 광복군 총사령부 대원들

한국 광복군 훈련 모습

계획을 차분하게 준비했지요. 그러나 이 국내 진입 계획은 두 차례의 원자 폭탄에 의한 폭격으로 일본이 무조건 항복해 이루어지지 못했어요.

광복군의 활약과 더불어 임시 정부 체제도 한층 더 발전해 갔어요. 1942년 민족 **좌파**의 대표 세력인 조선 민족혁명당이 참여함으로써 임시 정부는 여당인 한국 독립당과 야당인 조선 민족혁명당이라는 양대 정당에 의해 운영되는 명실상부한 좌우 통합 정부가 되었어요.

이 때부터 대한 민국 임시 정부는 강력한 지도력을 발휘하기 위해 주석·부주석 제도를 도입했어요. 한국 독립당의 김구가 주석, 조선 민족혁명당의 김규식이 부주석이 되었지요. 이렇게 좌우 합작 정부를 이루다 보니, 자연스럽게 조선 민족혁명당이 거느리던 조선 의용대는 임시 정부가 창설한 한국 광복군에 흡수되어 독립 운동에 더욱 박차를 가했어요.

좌우 합작을 이룬 제34차 임시 의정원 의원과 임시 정부 각료들(1942년 10월)

🏵 **좌파**
급진적이거나 사회주의적인 경향이 있는 당파를 말해요.

여기서 **잠깐!**

대한 민국 임시 정부의 군대를 알아맞혀라!

다음 설명을 읽고 네모 칸 안에 들어갈 말을 보기에서 찾아 써 보세요.

> 1940년 충칭에서 만들어진 대한 민국 임시 정부의 군대였어요. 중국의 정규 군관 학교에서 훈련받은 사람들이 다수를 이루었는데, 그 뒤에는 조선 의용대도 합류해 세력을 늘려 갔지요. 태평양 전쟁 때는 영국군과 함께 참전해 공을 세우기도 했어요.

정답 : ☐ ☐ ☐ ☐ ☐

| 보기 | 조선 의용대 | 한국 광복군 | 한국 독립군 |

☞정답은 56쪽에

왕이 없는 최초의 정부, 대한 민국 임시 정부

우리 나라는 오랫동안 왕이 다스리던 나라였어요. 하지만 조선 후기 외세의 압력을 받아 강제로 나라의 문을 열게 되면서 빠른 근대화가 이루어졌지요. 1897년에 고종이 국호를 황제가 다스리는 나라, '대한 제국'이라 선포했어요. 그러나 1910년 일본이 강제로 우리 나라의 주권을 빼앗아 우리 나라는 일본의 지배를 받게 되면서 사실상 무정부 상태가 되었지요. 그 뒤 3·1 운동이 절정에 이르렀던 1919년 4월 13일, 중국 상하이에서 우리 나라 최초로 왕이 없는 정부가 탄생했어요. 바로 대한 민국 임시 정부예요. 대한 민국 임시 정부는 독립군을 끌어 모아 광복군을 만들고, 이봉창·윤봉길 의거 등의 의열 투쟁을 전개하며 독립 운동의 견인차 역할을 해냈어요.

임시 정부 직원과 의정원 위원들(1921년 1월 1일)

그러나 임시 정부가 항상 강한 모습으로 독립 운동을 이끌었던 것은 아니에요. 때로는 이념과 사상에 따라 세력들이 서로 나뉘고, 인력난과 자금난, 국내외 정세의 변화에 따라 허약한 모습을 보일 때도 있었지요. 하지만 임시 정부는 이런 모든 고난을 극복하고 '26년 6개월'이라는 긴 시간 동안 주권 없는 국가의 정부 역할을 해냈어요.

대한 민국 임시 정부의 수립은 우리 역사에서 몇 가지 중요한 의의를 가지고 있어요.

첫째, 1910년 국권 강탈 이후 9년 만에 우리 민족을 대표하는 정부를 다시 만들었다는 점이에요. 무정부 상태에서 독립 운동을 지휘하고 진행할 정부가 생긴 것이지요.

둘째, 우리 역사에서 최초로 군주제*가 아닌 민주 공화제*의 정부가 등장했다는 점

이에요. 고대 이래 우리 나라는 줄곧 왕이 다스리는 전제* 군주제였어요. 그런데 대한 민국 임시 정부에 이르러 근대적인 임시 헌법을 만들고, 헌법에 의한 정치를 시작하게 되었어요. 대한 민국 임시 정부는 입법 기관인 임시 의정원, 사법 기관인 법원, 행정 기관인 국무원으로 구성되어 우리 나라 최초로 '3권 분립'을 실현한 민주 공화제 정부였어요.

셋째, 공산주의와 민족주의로 나뉘어 있는 상태를 극복하고 좌우 통합* 정부를 달성했어요. 특히 임시 정부가 이념과 사상을 뛰어넘어 독립 운동 세력을 하나로 뭉치게 했다는 사실은 오늘날 분단 국가에서 살아가는 우리에게 통일에 대한 많은 교훈을 주고 있어요.

이렇듯 대한 민국 임시 정부 덕분에 35년 만에 일제 강점기에서 벗어나 독립을 이룰 수 있었지요.

*군주제 : 대대로 왕이 나라를 다스리는 정치 형태예요.
*민주 공화제 : 주권이 국민에게 있으며, 국민에 의해 대표가 선출되어 행하는 정치를 말해요.
*전제 : 국가의 권력을 개인이 장악하고, 그 개인의 의사에 따라 모든 일을 처리하는 거예요.
*좌우 통합 : 좌익과 우익이 서로 연합하는 것을 뜻해요.

반쪽 독립을 실현하다

🌸 **패망**
싸움에 져서 망하는 것을 뜻해요.

🌸 **건국**
나라가 세워지는 것을 말해요.

🌸 **균등**
고르고 가지런하여 차별이 없는 것이에요.

🌸 **신탁 통치**
정치적 혼란이 우려되는 나라나 지역을 맡아 대신 다스리는 것이에요.

태평양 전쟁이 막바지로 치달으면서 독립 운동 단체들은 일본의 **패망**을 예상했어요. 이제 독립된 나라에 일본이 패망한 뒤의 **건국**을 준비하려고 했지요. 대한 민국 임시 정부도 건국을 위해 '대한 민국 건국 강령'을 제정했어요. 강령에는 보통 선거로 민주 공화국을 수립하고 모든 국민이 정치·경제·교육의 기회를 **균등**(3균주의)하게 가지고, 토지·광산·은행·전신·교통을 나라의 소유로 한다는 등의 내용이 들어 있었어요.

1943년, 백범은 연합국 사이에 대한 민국을 바로 해방시키지 않고 **신탁 통치**하는 문제가 논의되고 있다는 소식을 듣고, 즉각 이를 바로잡기 위해 나섰어요. 백범을 비롯한 임시 정부 요인들은 장제스를 만나 중국이 신탁 통치 실시에 절대 현혹되지 말고, 대한 민국의 완전한 독립을 지지해 줄 것을 요청했어요. 이에 장제스는 대한 민국의 완전한 독립을 지지하겠다고 약속했어요. 그 뒤 카이로 선언에서 대한 민국의 독립 문제가 언급될 수 있었어요.

카이로 선언문에서는 '대한 민국이 자유롭게 독립하게 될 것'이라는 장제스의 제안과 '적당한 시기'라는 루스벨트의 제안이 함께 선택되었어요. 그러자 백범은 일본이 패전하면 대한 민국은 즉시 독립해야 하며, 만약 그렇지 않다면 상대가 누구든 역사적인 독립 운동을 계속하겠다는 성명을 발표했지요.

대한 민국 임시 정부가 제정한 '대한 민국 건국 강령'이에요.

장제스와 회담하는 백범의 모습을 담은 기록화가 전시되어 있어요.

가슴 벅찬 광복 그리고 국토의 분단

1945년 8월 15일, 우리 나라는 일본의 식민지에서 벗어나 가슴 벅찬 광복을 맞이했어요. 우리 민족이 광복할 수 있었던 것은 연합국(미국·영국·중국·소련)의 승리뿐 아니라, 우리 민족의 줄기찬 독립 운동이 있었기 때문이에요. 이러한 노력 덕분에 제2차 세계 대전이 끝나기 전에 우리는 카이로 회담과 포츠담 회담에서 독립을 보장받았어요.

그러나 우리 나라는 일본이 패망한 이후에도 곧바로 독립적인 국가를 만들 수 없었어요. 미국과 소련을 중심으로 세계 질서가 달라지면서 한반도에서 강대국 사이의 이해 다툼이 생겼기 때문이에요.

1945년에 열린 얄타 회담에서는 소련군이 전쟁 참여를 결정해 열강끼리의 다툼이 더욱 치열해졌어요. 일본에 원자폭탄이 떨어지자, 소련은 일본에 선전포고를 하고 만주와 한반도 북부 지역을 빠르게 점령해 나갔어요. 이러한 소련의 행동을 경계한 미국은 소련군이 한반도를 단독으로 점령하지 못하도록 일본군의 **무장 해제**라는 명목 아래 '북위 38도 선'을 기준으로 미·소 양군이 한반도를 나누어 점령할 것을 제의했는데, 소련도 이에 동의했지요. '38선'은 일본군의 무장 해제를 위한 군사 분계선이었지만, 미·소 두 나라의 군정이 이어지면서 분단의 경계선이 되었어요.

> **카이로 회담**
> 1943년 제2차 세계 대전 중 이탈리아가 항복한 뒤 미국, 영국, 중국의 지도자들이 세계 대전의 전후 처리 문제를 미리 협의하기 위해 가진 두 차례의 회담을 말해요. 이 회담에서는 일본이 패전할 경우 일본의 영토를 어떻게 처리할 것인지 기본 방침을 결정했어요.
>
> **얄타 회담**
> 제2차 세계 대전이 끝날 무렵 1945년 미국, 영국, 소련 3개국 수뇌가 크림 반도 얄타에서 협의한 회담이에요. 전후 한국에 대한 5년 간의 신탁 통치를 처음 언급한 것도 이 회담이었어요.

🌸 **무장 해제**
항복한 군인이나 포로의 무기를 빼앗는 일을 말해요.

북위 38도 선을 기준으로 남쪽은 미국이, 북쪽은 소련이 점령했어요.

백범과 임시 정부의 환국

임시 정부 환국 기념 사진(1945년 11월)

🌏 과도
한 상태에서 다른 새로운 상태로 바뀌어 가는 도중을 뜻해요.

일본의 항복 소식을 듣자마자, 임시 정부는 곧 환국 준비에 들어갔어요. 백범은 하루라도 빨리 조국의 국민 앞에 임시 정부를 바쳐야 한다고 생각했지요. 백범이 9월 3일에 발표한 '국내외 동포에게 고함'은 전국에 걸쳐 보통 선거로 국내에 과도 정권을 수립하고, 정권 수립 이전에는 임시 정부가 질서 유지를 책임진다는 내용이었어요.

그러나 백범의 뜻과는 달리 미국의 정책에 따라 임시 정부의 환국은 네 달가량 연기되었어요. 4개월 뒤인 1945년 11월 23일, 백범은 임시 정부 주석이 아닌 개인 자격으로 귀국했어요. 임시 정부 요인들이 귀국하자, 이를 환영하는 물결이 전국에 넘쳐 흘렀어요. 또 눈이 쏟아지는 가운데에서도 임시 정부를 환영하는 행사들이 열려 백범과 임시 정부에 대한 국민들의 지지가 얼마나 큰지 보여 주었어요.

미·소 공동 위원회와 반탁 운동

1945년 12월, 미국·영국·소련의 모스크바 3국 외상 회담에서는 한국을 최고 5년 동안 미·영·중·소 4개 국의 신탁 통치 아래 두기로 하고, 조선 임시 정부 수립을 위해 미·소 공동 위원회를 열기로 했어요. 이 소식이 전해지자, 전국에서 신탁 통치 반대 운동(반탁 운동)이 제2의 독립 운동처럼 전개되었어요. 그 중심에는 백범이 있었지요.

백범은 반탁 운동을 북한 지역까지 확대시키고 정당 운동을 강화하려고 했어요. 그러나 반탁 운동을 함께 전개하던 좌익 세력은 소련의 지시로 갑자기 신탁 통치를 찬성했어요. 백범은 좌우 세력을 합하여 비상 국민 회의를 결성하고, 정권을 수립해 신탁 통치의 혼란을 수습하려고 했어요. 신탁 통치를 하기 위해서는 먼저 임시 정부가 수립되어야 하는데, 미국과 소련은 이를 위한 미·소 공동 위원회를 서울 덕수궁에서 열었어요. 그러나 두 차례의 회의 모두 미국과 소련의 의견이 달라 성공하지 못했지요.

광복 이후 우리 나라에는 신탁 통치에 대한 세 가지 입장이 있었어요.

미·소 공동 위원회가 어긋난 이후 좌·우익 사이에는 **찬탁과 반탁** 운동이 더욱 심해졌어요. 그러던 중 이승만이 '남한만이라도 단독으로 정부를 수립하자.'고 정읍에서 주장했어요. 그러나 미군정은 백범이나 이승만이 아닌 중간 세력을 지원해 좌우 **합작**을 추진하려고 했어요. 중간 세력인 김규식·여운형은 좌우 합작 위원회를 구성하고 '합작 7원칙'을 발표했어요. 백범은 이 선언이 8·15 이후 최대의 수확이라 평가하고, '좌우 합작을 전제로 한 민족 통일 정부의 수립'은 변하지 않는 소신임을 밝혔어요.

🖋 **찬탁과 반탁**
신탁 통치에 찬성함을 '찬탁', 반대함을 '반탁'이라고 불렀어요.

🖋 **합작**
어떠한 것을 만들기 위해 힘을 합하는 것을 말해요.

여기서 **잠깐!**

다음 인물과 인물이 한 일들을 서로 연결해 보세요.

이승만 •

백범 •

김규식·여운형 •

• 반탁 운동 전개

• '합작 7원칙' 발표

• 정읍 발언

☞ 정답은 56쪽에

자주 국가를 만들기 위한 노력

미군정 아래 반탁 운동을 전개한 백범은 자주적 통일 정부를 수립하기로 결정했어요. 백범은 '국민 의회'를 만든 뒤 과도 정부가 성립되었음을 선포하고, 브라운 소장을 방문해 통치권을 임시 정부에 넘겨 줄 것을 요구했어요. 또, 건국에 필요한 인력을 길러 내기 위해 건국 실천원 양성소도 설립했지요.

8·15 광복 1주년 기념식에서 연설하는 백범(1946년)

로비
권력자들에게 이익과 관련된 문제를 진정해서 원하는 방향으로 진행하는 것을 말해요.

백범은 남한만의 총선거를 반대했어요.

미군정은 이러한 백범의 계획과 주장에 강경하게 반대했어요. 뿐만 아니라 잠시 미국에 건너가 **로비**를 벌이던 이승만도 백범의 활동을 가로막고 나섰어요. 이승만은 남한 총선거를 주장하며 반대했지만, 백범은 다시 한 번 단독 정부 수립을 반대하고 통일 정부를 수립할 것을 주장했어요.

미군정은 미·소 공동 위원회를 통해서는 한국의 문제를 해결하는 것이 불가능하다고 판단하고, 당시 미국의 영향력 아래 있던 UN 총회에 이 문제를 해결해 달라고 했지요. 그 결과 UN은 UN의 감시 아래 인구 비례에 의한 총선거를 실시할 것을 제의했어요. 백범은 단독 정부 수립이 아니었으므로, 이에 반대하지는 않았어요.

남북 협상과 통일 운동

백범은 이승만이 계속해서 남한만의 총선거를 주장하자, 이승만과 결별했어요. 그리고 김규식과 뜻을 합해 통일 정부 수립 운동을 전개했지요. 남북 요인의 회담을 추진하려던 백범에 대해 한국 국민당과 동아일보가 공격하자, 백범은 '삼천만 동포에게 읍고함'이라는 성명으로 반박했어요.

🦋 읍고
울면서 알리는 것을 말해요.

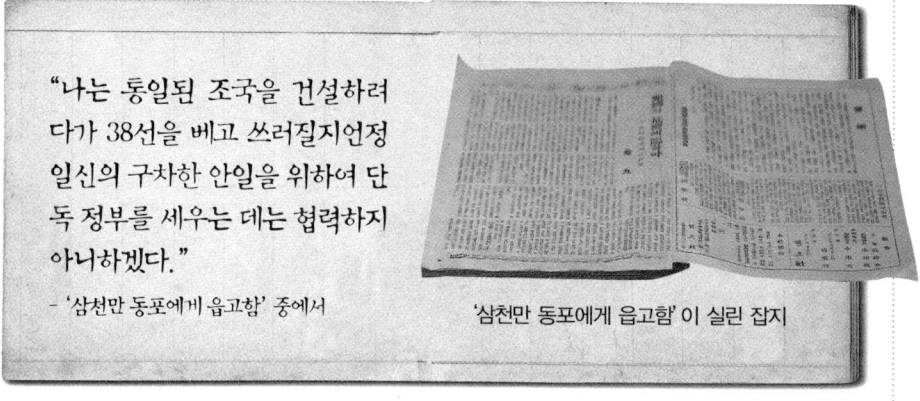

"나는 통일된 조국을 건설하려다가 38선을 베고 쓰러질지언정 일신의 구차한 안일을 위하여 단독 정부를 세우는 데는 협력하지 아니하겠다."
- '삼천만 동포에게 읍고함' 중에서

'삼천만 동포에게 읍고함'이 실린 잡지

하지만 백범의 노력에도 불구하고, 상황은 계속 단독 정부 수립으로 치달았어요. 이에 백범은 단독 정부의 수립이 분단을 지속시킬 것이라고 비판하면서 북한의 지도자들에게 통일 정부 수립을 논의하기 위한 남북 지도자 회의를 열자고 제의했어요.

1948년 4월 19일, 백범은 남북 지도자 회의에 참석하기 위해 비서와 아들을 데리고 함께 경교장을 출발해 북으로 향했어요. 평양에 도착한 백범은 남북 협상에서 짧게 축사했지만, 곧 한계를 느껴 이후에는 참석하지 않았어요. 남한의 백범, 김규식과 북한의 김일성, 김두봉이 따로 4자 회담까지 열었지만, 남북 협상은 별다른 성과없이 끝나고 말았어요.

38선에 선 백범. 이 모습은 전시관에서 모형으로 만날 수 있어요.

민족의 큰 별이 지다!

1948년 5·10 총선거에서 승리한 이승만 정권은 이후 좌익과 반대파에 대한 대대적인 탄압을 시작했어요. 이 때 국회 프락치 사건, 반민특위 습격 사건, 백범 암살 사건이 잇달아 일어났어요.

1949년 6월 26일 일요일 오전, 육군 소위 안두희는 백범의 거처인 경교장으로 찾아가 백범을 암살했어요. 안두희는 현장에서 경호원들에게 붙잡혀 헌병 사령부로 연행되었다고 해요. 안두희는 8월 6일, 고등 군법 회의에서 무기징역을 선고받고 육군 형무소에 수감되었으나 석 달 뒤 형량은 징역 15년으로 줄어들었고, 그 뒤 사면되었어요.

당시 정부는 김구 암살 사건은 안두희의 단독 범행에 의한 것이라고 발표했어요. 암살 사건의 직접적인 **배후**는 그 당시 국방부 고위 인사로 알려졌으나, 여러 가지 정황으로 분석해 볼 때 당시 집권 세력이 어떠한 형태로든 깊숙하게 관여되었을 것으로 짐작하지요. 권력을 쥔 사람들은 백범이 권력을 유지하는 데 걸림돌이 된다고 생각했어요. 백범의 피살 소식을 들은 많은 사람들이 경교장 앞뜰로 몰려들어 통곡하기 시작했어요. 민족의 큰 스승을 잃은 슬픔으로 온 나라가 슬픔에 잠겼지요. 1949년 7월 5일, 백범의 장례식은 **국민장**으로 치러졌어요. 그의 장례식에는 한국 역사상 최대 인파인 50만 명이나 모였다고 해요.

🎖 배후
어떤 일의 드러나지 않은 이면을 뜻해요.

🎖 국민장
국가와 사회에 큰 공이 있는 사람이 죽었을 때, 온 국민의 이름으로 지내는 장례예요. 경비 중 일부는 국고에서 보조하기도 해요.

효창원으로 향하는 국민장 행렬(1949년 7월 5일)

백범의 뜻을 기리며

전시관 곳곳에는 백범의 정신과 뜻을 기리는 공간을 준비해 놓았어요. 전시관에는 백범의 영상물과 함께 당시 백범이 인재 양성을 위해 세웠던 교육 기관인 '백범 학원'의 학원생들이 백범에게 바쳤던 제문과 백범이 남긴 유물들이 전시되어 있어요. 영상을 따라 흐르는 백범의 제문은 보는 이의 콧등을 시큰하게 만들지요.

전시장에는 백범이 신었던 손때 묻은 구두와 평소 사용했던 도장, 그리고 홍커우 공원에서 있었던 의거 직전 윤봉길 의사와 교환했던 시계 등이 전시되어 있지요. 또, 한쪽 벽면에는 백범의 데드 마스크도 전시되어 있어요.

백범 김구의 데드 마스크

또, 지금까지 우리 나라에서 출간된 백범 관련 도서들이 전시되어 있는 공간도 있어요. 특히 백범일지는 영어, 독일어, 이탈리아어, 중국어로 번역되어 세계에 백범의 사상을 전하고 있어요. 백범은 비록 자주 통일 국가의 꿈을 이루지 못했지만, 그의 삶에는 나라를 사랑하는 마음이 고스란히 드러나 있지요.

백범 관련 도서들이 전시되어 있어요.

여기서 **잠깐!**

시계에 얽힌 사연을 알아보아요

백범전시관에는 은색과 금색의 시계가 함께 전시되어 있어요. 윤봉길 의사는 홍커우 공원으로 가기 전 백범의 낡은 시계를 안타까워하면서 "저는 이제 시계를 볼 일이 없습니다."라고 하며 새것과 다름없는 자기 시계와 백범의 낡은 시계를 맞바꾸었어요. 금색의 새 시계는 윤봉길 의사의 것이고, 좀 더 낡은 은색의 시계는 백범이 사용하던 것이라고 해요.

백범김구기념관을 나오며

백범 김구는 1894년 을미의병 활동을 시작한 뒤부터 1949년 암살당하기까지 우리 나라의 자주 독립과 통일 정부를 수립하는 데 일생을 바친 우리 겨레의 큰 스승이에요. 백범은 침략 세력인 일본과도, 우리 나라를 자신의 영향력 아래 두려는 서구 열강과도 결코 타협하지 않고, 우리 국민과 나라를 위한 올곧은 한길을 묵묵히 걸어 왔어요.

백범은 체계적인 독립 활동을 위해 상하이로 망명해 상하이 임시 정부를 이끌면서 대한 독립의 의지를 다지고 또 다졌어요. 그래서 중·일 전쟁이 한창이던 때에 일본군을 피해 중국 내륙으로 피난을 다니던 시절에도 광복군을 창설해 키우는 등 독립을 향한 열망을 절대 포기하지 않았어요. 또한 머나먼 이국 땅에서 가난과

나라 잃은 설움과 싸우면서도 자신의 안일을 돌보기보다 오직 조국의 독립을 위해 함께하는 사람들을 격려하며 사상을 하나로 모으는 데 힘썼지요. 해방 이후에도 백범은 미국과 소련의 신탁 통치에 반대하는 반탁 운동을 주도하고, 열강의 영향력 아래 놓인 채로 영영 분단이 굳어질까 봐 통일 정부 수립에 더욱 박차를 가했어요.

아직도 우리 나라는 남과 북이 분단된 채 본래의 모습인 하나 된 국가를 이루지 못하고 있어요. 하지만 어떠한 상황 속에서도 포기하지 않고, 우리 나라가 남을 짓밟지 않는 높은 문화를 가진 아름다운 나라가 되기를 바랐던 백범의 마음은 사후 60여 년이 지난 지금까지도 우리에게 많은 것을 느끼게 하지요.

개인의 만족스러운 삶 대신 자주 국가를 만드는 데 평생을 바친 백범 김구의 삶을 좇으면서 나라를 사랑하는 길에는 어떤 것이 있는지 깊이 생각해 보았으면 해요.

이 곳도 둘러보아요!

백범김구기념관을 다 둘러본 뒤에 꼭 들러야 할 곳이 있어요. 바로 백범의 유해가 묻힌 효창원이에요. 효창원은 백범김구기념관에서 5분 정도 걸으면 나오는 가까운 거리에 있어요. 효창원에는 백범뿐 아니라, 임시 정부 요인들과 이봉창·윤봉길·백정기 의사의 유골도 함께 안장되어 있답니다. 그럼, 지금부터 효창원의 역사와 유래에 대해 알아보아요.

원래 효창원은 조선 시대 제22대 왕인 정조가 만든 곳이에요. 자신의 맏아들 문효 세자가 5세 나이로 죽자, 이 곳에 문효 세자와 그의 생모인 의빈 성 씨의 무덤을 만들고 효창원이라 불렀어요.

1924년 6월, 일본은 효창동의 일부 지역에 효창공원을 만들었어요. 또한 패망 직전에는 문효 세자와 나머지 묘소를 모두 서삼릉 지역으로 옮겨 효창원은 사

효창원에 묻힌 애국 선열들

삼의사 묘역
이봉창, 윤봉길, 백정기 등 세 명의 애국 지사를 모신 곳이 삼의사 묘역이에요.

이봉창 의사(1901~1932)
1932년 천황 관병식 때 폭탄을 던졌으나 실패하고 사형당함.

안중근 의사(1879~1910)
1909년 초대 조선통감이던 이토 히로부미를 하얼빈 역에서 사살함.

실상 없어진 것이나 마찬가지였어요.

해방과 더불어 백범은 이봉창 · 윤봉길 · 백정기 의사의 유해를 일본에서 고국 땅으로 가져와 문효 세자의 옛 무덤 터에 국민장으로 안장했어요. 또, 안중근 의사의 유해도 이 곳에 안장하려고 빈 무덤을 만들어 두었지요. 이어 1948년에는 중국에서 순국*한 이동녕 · 차이석 · 조성환 선생의 유해도 의빈 성 씨의 옛 무덤 터에 안장했어요. 그리고 1949년, 백범 김구의 묘가 이 곳 북서쪽 능선에 안장되면서 효창원은 독립 선열들의 넋을 기리는 곳으로 다시 태어났어요.

*순국 : 나라를 위해 목숨을 바치는 것이에요.

│ 의사(1908~1932)
│ 상하이 홍커우 공원에서 천
│ 전승 축하 기념식을 겸한 행
│ 단상으로 물통 폭탄을 던짐.

백정기 의사(1896~1934)
1933년 주중 일본대사인 아리요시가 친일중국정객과 군인 100여 명을 초대한 연회에서 이강훈 · 원심창과 함께 그 곳을 습격하려다 잡혀 무기형을 선고받고 복역하다가 지병으로 옥사함.

나는 백범김구기념관 박사!

1 백범과 관련된 사건을 순서대로 정리해 보세요.

다음 내용을 읽고 일어난 순서에 따라 숫자를 써 보세요.

편지쓰기 사업을 통해 한인 애국단을 만들어 이봉창·윤봉길 의거를 지휘했어요.

동학에 입도해 해주성을 공격하는 전투에 선봉으로 참여했어요.

통일 정부를 수립하기 위해 남북한 요인들의 회담인 남북 협상을 벌였어요.

치하포에서 명성 황후 시해에 대한 복수를 했어요.

열강에 의한 신탁 통치를 반대하는 운동을 펼쳤어요.

❷ 다음은 누구일까요?

백범과 연관 있는 인물들의 이름을 보기 에서 찾아 써 보세요.

| 보기 | 고능선 | 안창호 | 이봉창 | 윤봉길 |

(   )   (   )   (   )   (   )

백범의 지도로 일본에 파견돼, 일본 경시청 앞에서 일본 왕이 탄 마차에 폭탄을 던졌어요.

백범의 스승으로, '판단, 실행, 계속'의 세 단계로 일을 하라는 가르침을 주었어요.

훙커우 공원에서 일본 고관들에게 폭탄을 던진 뒤 체포되어 순국했어요. 의거 전 백범과 시계를 바꾼 일화로도 유명하지요.

신민회를 만들었으며, 상하이 임시 정부 시절 백범을 경무 국장으로 추천했어요.

❸ 백범 김구의 호 '백범'은 어떤 뜻일까요?

아래 백범이라는 이름 속에 숨은 뜻을 써 보세요.

白凡
_____
_____
_____

정답은 56쪽에

나는 백범김구기념관 박사!

④ 도전! 골든벨 O, X 퀴즈

다음 내용을 읽고 맞으면 O, 틀리면 X로 표 하세요.

1. 동학에 입도한 백범은 어린 나이에 접주가 되었어요. ( )
2. 스승 고능선의 충고대로 백범은 일본으로 유학을 떠났어요. ( )
3. 백범은 사랑하는 가족을 위해 치하포 의거를 일으켰어요. ( )
4. 백범은 황해도 지역을 돌면서 환등회를 열어 교육 운동을 펼쳤어요. ( )
5. '서명의숙'이라는 사립 학교의 선생님이었던 백범은 양산 학교의 선생님이기도 했어요. ( )
6. 백범은 '신간회'라는 단체에도 소속되어 활동했어요. ( )
7. 상하이로 망명한 백범이 제일 처음 맡은 임무는 임시 정부의 재무장이었어요. ( )
8. 1928년부터 고국에 있는 두 아들에게 쓰는 유서 형식으로 쓴 책이 '백범일지'예요. ( )
9. 대한 민국 임시 정부는 광복이 되기 전까지 계속 상하이에 있었어요. ( )
10. 대한 민국 임시 정부의 국군은 '한국 광복군'이었어요. ( )
11. 연합국 사이에서 전후 한국을 공동 관리하자는 신탁 통치 방안에 대해 백범은 찬성하는 입장이었어요. ( )
12. 이승만은 남한 단독 정부 수립을 주장했지만, 백범은 이를 반대하고 통일 정부를 수립할 것을 주장했어요. ( )
13. 백범은 이승만과 결별하고, 김규식과 함께 남북 협상을 진행했어요. ( )

⑤ 이름을 써 보세요.

다음 보기 중 효창원에 안장된 독립 의사를 모두 골라 보세요.

| 보기 | 백정기 | 나석주 | 이봉창 | 서재필 | 강우규 | 윤봉길 |

1. _____   2. _____   3. _____

⑥ 십자말풀이를 해 보세요.

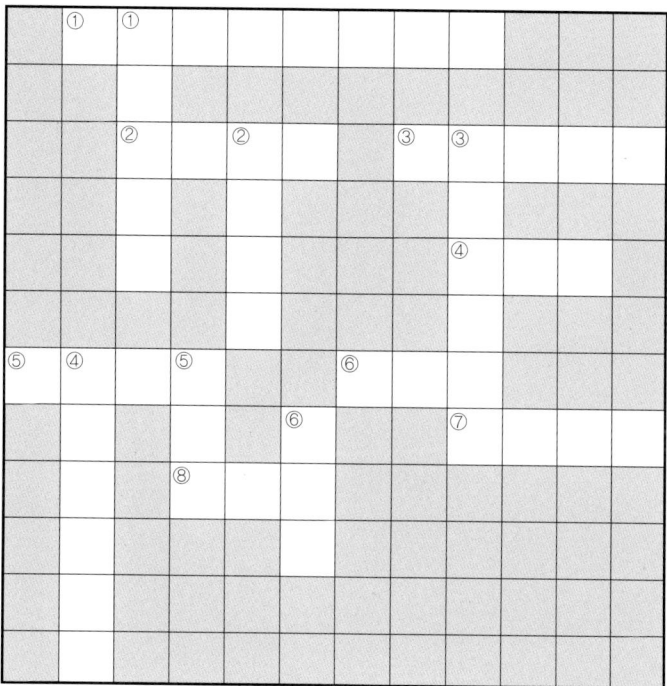

〈가로 열쇠〉

① 1919년, 국내외에 있는 여러 개의 임시 정부를 통합해 만든 임시 정부의 이름이에요.

② 임시 정부가 활동과 독립 운동에 필요한 자금을 만들기 위해 발행한 채권이에요.

③ 중·일 전쟁이 일어날 무렵 임시 정부가 독립군들을 모아 창설한 임시 정부의 군대예요. 태평양 전쟁에도 참전해 공을 세웠고, 미국과 함께 국내 진입 계획을 세우기도 했어요.

④ 임시 정부는 민주 공화제를 채택하고, ○○○에는 이승만, 국무총리로는 이동휘를 뽑았어요.

⑤ 남한만의 총선거를 하자는 의견에 반대한 백범이 통일 정부를 수립하기 위해 김규식과 함께 북한의 지도자들과 회담한 것을 말해요.

⑥ 승복을 벗은 백범은 황해도를 돌면서 순회 교육 운동을 펼쳤어요. 흰 천막을 설치하고 ○○○를 열어 교육의 중요성을 알렸어요.

⑦ 독립 운동가 개인이 무력으로 투쟁하는 것을 말해요. 홍커우 공원에서 단상으로 폭탄을 던졌던 윤봉길 의거 등이 여기에 해당하지요.

⑧ 일본 경시청 앞에서 열린 일본 왕의 관병식에서 마차 행렬에 폭탄을 던진 사람이에요. 그의 의거는 실패했지만, 임시 정부의 위상을 높였어요.

〈세로 열쇠〉

① 백범이 해외 편지쓰기 사업을 통해 마련한 비용으로 조직한 애국 단체로, 주로 비밀리에 일본 주요 인물을 암살해 독립을 이루려고 했어요.

② 남북 분단 이후 북한은 점령군이었던 소련군의 영향으로, ○○○○ 국가를 이루게 되었어요.

③ 1923년부터 해외 독립 운동을 조직적으로 전개하기 위해 임시 정부의 나아갈 방향을 논의했던 국민의 대표 회의를 말해요.

④ 미국과 소련은 군사 분계선이었던 이것을 경계로 남북을 나누어 일본군을 무장 해제시키자고 결의했어요.

⑤ 임시 정부가 제일 처음 수립된 곳이에요. 그래서 임시 정부를 '○○○ 임시 정부'라고도 부르지요.

⑥ 백범의 묘소를 비롯해 삼의사 묘역과 임정 요인 묘역이 있는 곳이에요. 안중근 의사의 경우에는 아직 유해를 모시지 못해 빈 묘로 남아 있어요.

☞ 정답은 56쪽에

백범 일보 만들기!

백범김구기념관을 돌아보면서 백범의 삶을 통해 우리 나라의 근현대 역사가 어떠했는지 조금은 알게 되었을 거예요. 참으로 가슴아프고 안타까운 일들이 많았지만, 백범과 같은 수많은 독립 운동가들 덕분에 나라를 되찾을 수 있었지요. 우리 나라 근현대 역사의 산 증인이라고 할 수 있는 백범의 일생을 역사 신문으로 만들어 봐요.

만들기 순서

사건 선정하기 (취재하기)

백범김구기념관을 관람하면서 인상 깊었던 사건을 중심으로 어떤 사건을 기사로 만들 것인지 생각해 보세요. 이렇게 기사에 쓸 재료를 찾는 것을 '취재'라고 하지요. 대개 3~4가지 정도의 사건들을 구상해서 이 중 가장 마음에 드는 것을 골라 기사로 구성해 보세요.

내용과 형식 구상하기 및 자료찾기

선택한 사건을 어떤 식으로 구성할지, 기사와 사진을 어떻게 배치할지 생각해 보세요. 인물과 관련한 내용은 인터뷰 형식으로 작성하거나 사건을 소개하면서 그 안에 사건과 관련한 인물을 별도로 소개하기도 해요.
사진 역시 기사 중 하나라고 생각할 정도로 중요한 비중으로 다루어져요. 사진을 어떤 크기로 어떤 곳에 배치할지 생각해 두세요. 그리고 인터넷, 도서, 신문 기사들을 통해 구성하고 싶은 사건에 대한 자료를 찾아보세요.

신문 기사 작성하기

일반 신문이나 TV 뉴스에서 국내 및 국제 뉴스를 소개하는 것처럼 육하 원칙(언제, 누가, 어디서, 무엇을, 어떻게, 왜)에 따라 기사를 만들어 보세요. 또, 신문 기사는 무엇보다 정확한 내용을 전달할 수 있어야 해요. 이미 알고 있던 내용이라도 확실하게 검증된 내용을 중심으로 기사를 쓸 수 있도록 하세요.

제목 붙이기

신문에서 기사의 제목은 '헤드라인'이라고도 불리는데, '제목 붙이기'는 가장 중요한 부분이에요. 제목은 신문 기사를 요약하는 정도가 아니라, 신문 기사가 무엇을 말하려고 하는지 보여 주는 얼굴이에요. 쉬운 표현으로 만들되, 기발하고 재치 있는 제목을 뽑아 보세요.

백범 일보를 만들어요!

다음 각 부분을 살펴보면서 나만의 백범 일보를 만들어 보세요.

신문의 이름을 '제호'라고 해요. 백범에 관한 역사 신문인 만큼 김구 선생님의 호를 따라 '백범 일보'라고 이름지었어요.

제목은 내용 중에서 주제가 제일 잘 드러나는 것을 선택해서 굵은 글씨로 눈에 띄도록 해요.

내용이 들어가는 공간을 '단'이라고 해요. 현재 백범 일보는 2단으로 구성했어요.

기사의 뒷부분에는 작성일을 넣어 주세요. 자신의 이름을 넣어 'OOO 기자'라고 넣어도 좋아요.

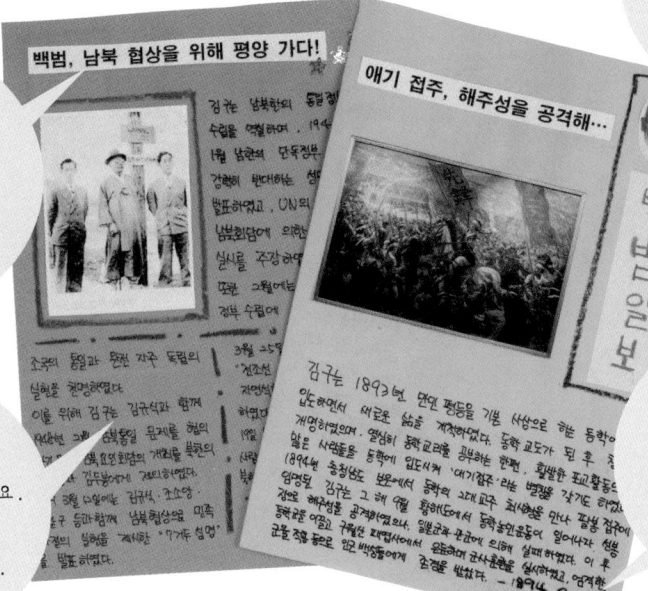

기사 작성의 예

백범김구기념관을 돌아보면서 가장 중요한 사건들을 기사로 구성했어요.

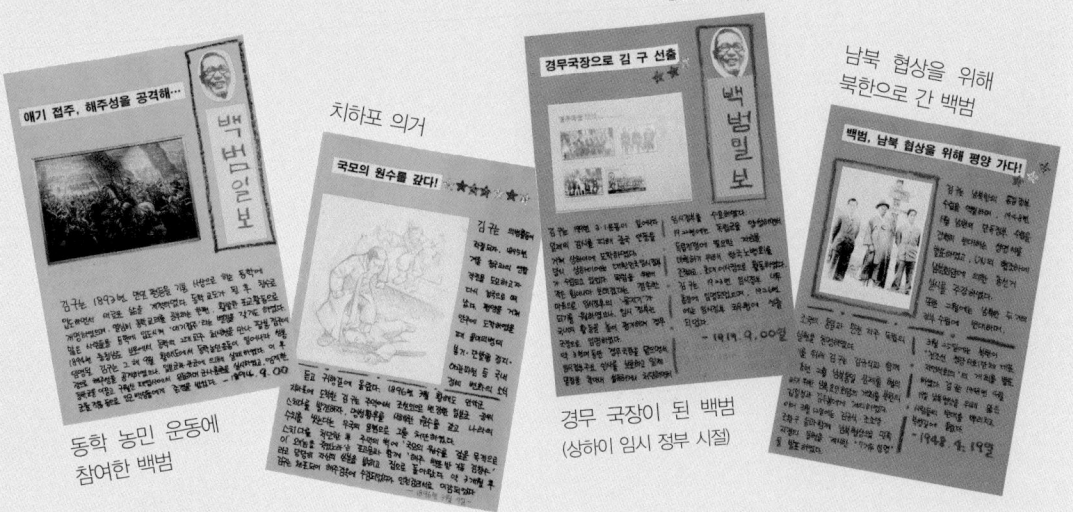

동학 농민 운동에 참여한 백범

경무 국장이 된 백범
(상하이 임시 정부 시절)

13쪽 마음 좋은 사람

21쪽 ④

27쪽 연통제, 교통국

31쪽 물통형 폭탄

35쪽 한국 광복군

41쪽 이승만 – 정읍 발언

　　　백범 – 반탁 운동 전개

　　　김규식·여운형 – '합작 7원칙' 발표

나는 백범김구기념관 박사!

① 백범과 관련된 사건들을 순서대로 정리해 보세요.

다음 내용을 읽고 일어난 순서에 따라 숫자를 써 보세요.

③ 편지쓰기 사업을 통해 한인 애국단을 만들어 이봉창·윤봉길 의거를 지휘했어요.

① 동학에 입도해 해주성을 공격하는 전투에 선봉으로 참여했어요.

⑤ 통일 정부를 수립하기 위해 남북한 요인들의 회담인 남북 협상을 벌였어요.

② 치하포에서 명성 황후 시해에 대한 복수를 했어요.

④ 열강에 의한 신탁 통치를 반대하는 운동을 펼쳤어요.

② 다음은 누구일까요?

백범과 연관 있는 인물들의 이름을 보기에서 찾아 써 보세요.

보기　고능선　안창호　이봉창　윤봉길

(이봉창)　(고능선)　(윤봉길)　(안창호)

백범의 지도로 일본에 파견돼 일본 경시청 앞에서 일본 왕이 탄 마차에 폭탄을 던졌어요.

백범의 스승으로, '판단, 실행, 계속'의 세 단계로 일을 하라는 가르침을 주었어요.

홍커우 공원에서 폭탄을 던진 뒤 체포되어 순국했어요. 의거 전 백범과 시계를 바꾼 일화로도 유명하지요.

신민회를 만들었으며, 상하이 임시 정부 시절 백범을 경무국장으로 추천했어요.

③ 백범 김구의 호 '백범'은 어떤 뜻일까요?

아래 백범이라는 이름 속에 숨은 뜻을 써 보세요.

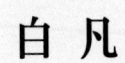 白凡　일반 백성 모두가 나라 사랑하는 마음을 가지라는 의미에서 낮고 평범한 사람을 뜻하는 말임.

④ 도전! 골든벨 O, X 퀴즈

다음 내용을 읽고 맞으면 O, 틀리면 X로 표 하세요.

1. 동학에 입도한 백범은 어린 나이에 접주가 되었어요. (O)
2. 스승 고능선의 충고대로 백범은 일본으로 유학을 떠났어요. (X)
3. 백범은 사랑하는 가족을 위해 치하포 의거를 일으켰어요. (X)
4. 백범은 황해도 지역을 돌면서 환등회를 열어 교육 운동을 펼쳤어요. (O)
5. '서명의숙'이라는 사립 학교의 선생님이었던 백범은 양산 학교의 선생님이기도 했어요. (O)
6. 백범은 '신간회'라는 단체에도 소속되어 활동했어요. (X)
7. 상하이로 망명한 백범이 제일 처음 맡은 임무는 임시 정부의 재무장이었어요. (X)
8. 1928년부터 고국에 있는 두 아들에게 쓰는 유서 형식으로 쓴 책이 '백범일지'예요. (O)
9. 대한 민국 임시 정부는 광복이 되기 전까지 계속 상하이에 있었어요. (X)
10. 대한 민국 임시 정부의 국군은 '한국 광복군'이었어요. (O)
11. 연합국 사이에서 전후 한국을 공동 관리하자는 신탁 통치 방안에 대해 백범은 찬성하는 입장이었어요. (X)
12. 이승만은 남한 단독 정부 수립을 주장했지만, 백범은 이를 반대하고 통일 정부를 수립할 것을 주장했어요. (O)
13. 백범은 이승만과 결별하고, 김규식과 함께 남북 협상을 진행했어요. (O)

⑤ 이름을 써 보세요.

다음 보기 중 효창원에 안장된 독립 의사를 모두 골라 써 보세요.

보기　백정기　나석주　이봉창　서재필　강우규　윤봉길

1. 백정기　　2. 이봉창　　3. 윤봉길

⑥ 십자말풀이를 해 보세요.

대	한	민	국	임	시	정	부	
	인							
	애	국	공	채		한	국	광	복	군
	국		산			민		
	단		주			내	통	령
			의			표		
남	북	협	상		환	등	회	
위		하		요		의	열	투	쟁
삼		이	봉	창				
팔			원					
도								
선								

초등학교 교과서와 관련된 학년별 현장 체험학습 추천 장소

1학년 1학기 (21곳)	1학년 2학기 (18곳)	2학년 1학기 (21곳)	2학년 2학기 (25곳)	3학년 1학기 (31곳)	3학년 2학기 (37곳)
철도박물관	농촌 체험	소방서와 경찰서	소방서와 경찰서	경희대자연사박물관	IT월드(과천정보나라)
소방서와 경찰서	광릉	서울대공원 동물원	서울대공원 동물원	광릉수목원	강원도
시민안전체험관	홍릉 산림과학관	농촌 체험	강릉단오제	국립민속박물관	경희대자연사박물관
천마산	소방서와 경찰서	천마산	천마산	국립서울과학관	광릉수목원
서울대공원 동물원	월드컵공원	남산골 한옥마을	월드컵공원	국립중앙박물관	국립경주박물관
농촌 체험	시민안전체험관	한국민속촌	남산골 한옥마을	기상청	국립고궁박물관
코엑스 아쿠아리움	서울대공원 동물원	국립서울과학관	한국민속촌	서대문자연사박물관	국립국악박물관
선유도공원	우포늪	서울숲	농촌 체험	선유도공원	국립부여박물관
양재천	철새	갯벌	서울숲	시장 체험	국립서울과학관
한강	코엑스 아쿠아리움	양재천	양재천	신문박물관	남산
에버랜드	짚풀생활사박물관	동굴	선유도공원	경상북도	남산골 한옥마을
서울숲	국악박물관	고성 공룡박물관	불국사와 석굴암	양재천	롯데월드민속박물관
갯벌	천문대	코엑스 아쿠아리움	국립중앙박물관	경기도	국립민속박물관
고성 공룡박물관	자연생태박물관	옹기민속박물관	국립민속박물관	이화여대자연사박물관	삼성어린이박물관
서대문자연사박물관	세종문화회관	기상청	전쟁기념관	전쟁기념관	서대문자연사박물관
옹기민속박물관	예술의 전당	시장 체험	판소리	천마산	선유도공원
어린이 교통공원	어린이대공원	에버랜드	DMZ	한강	소방서와 경찰서
어린이 도서관	서울놀이마당	경복궁	시장 체험	화폐금융박물관	시민안전체험관
서울대공원		강릉단오제	광릉	호림박물관	경상북도
남산자연공원		몽촌역사관	홍릉 산림과학관	홍릉 산림과학관	월드컵공원
삼성어린이박물관		국립현대미술관	국립현충원	우포늪	육군사관학교
			국립4·19묘지	소나무 극장	해군사관학교
			지구촌민속박물관	예지원	공군사관학교
			우정박물관	자운서원	철도박물관
			한국통신박물관	서울타워	이화여대자연사박물관
				국립중앙과학관	제주도
				엑스포과학공원	천마산
				올림픽공원	천문대
				전라남도	태백석탄박물관
				경상남도	판소리박물관
				허준박물관	한국민속촌
					임진각
					오두산 통일전망대
					한국천문연구원
					종이미술박물관
					짚풀생활사박물관
					토탈야외미술관

4학년 1학기 (34곳)	4학년 2학기 (56곳)	5학년 1학기 (35곳)	5학년 2학기 (51곳)	6학년 1학기 (36곳)	6학년 2학기 (39곳)
강화도	IT월드 (과천정보나라)	갯벌	IT월드 (과천정보나라)	경기도박물관	IT월드 (과천정보나라)
갯벌	강화도	광릉수목원	강원도	경복궁	KBS 방송국
경희대자연사박물관	경기도박물관	국립민속박물관	경기도박물관	덕수궁과 정동	경기도박물관
광릉수목원	경복궁 / 경상북도	국립중앙박물관	경복궁	경상북도	경복궁
국립서울과학관	경주역사유적지구	기상청	덕수궁과 정동	고성 공룡박물관	경희대자연사박물관
기상청	경희대자연사박물관	남산골 한옥마을	경상북도	국립민속박물관	광릉수목원
농촌 체험	고창, 화순, 강화 고인돌유적	농업박물관	경희대자연사박물관	국립서울과학관	국립민속박물관
서대문자연사박물관	전라북도	농촌 체험	고인쇄박물관	국립중앙박물관	국립중앙박물관
서대문형무소역사관	고성공룡박물관	서울국립과학관	충청도	농업박물관	국회의사당
서울역사박물관	충청도	서울대공원 동물원	광릉수목원	롯데월드민속박물관	기상청
소방서와 경찰서	국립경주박물관	서울숲	국립공주박물관	몽촌토성과 풍납토성	남산
수원화성	국립민속박물관	서울시청	국립경주박물관	민주화현장	남산골 한옥마을
시장 체험	국립부여박물관	서울역사박물관	국립고궁박물관	백범기념관	대법원
경상북도	국립서울과학관	시민안전체험관	국립민속박물관	서대문자연사박물관	대학로
양재천	국립중앙박물관	경상북도	국립서울과학관	서대문형무소 역사관	민주화현장
옹기민속박물관	국립국악박물관 / 남산	양재천	국립중앙박물관	서울역사박물관	백범기념관
월드컵공원	남산골 한옥마을	강원도	남산골 한옥마을	조선의 왕릉	아인스월드
철도박물관	농업박물관 / 대법원	월드컵공원	농업박물관	성균관	서대문자연사박물관
이화여대자연사박물관	대학로	유명산	롯데월드민속박물관	시민안전체험관	국립서울과학관
천마산	롯데월드민속박물관	제주도	충청도	경상북도	서울숲
천문대	몽촌토성과 풍납토성	짚풀생활사박물관	서대문자연사박물관	암사동 선사주거지	신문박물관
철새	불국사와 석굴암	천마산	성균관	운현궁과 인사동	양재천
홍릉 산림과학관	서대문자연사박물관	한강	세종대왕기념관	전쟁기념관	월드컵공원
화폐금융박물관	서울대공원 동물원	한국민속촌	수원화성	천문대	육군사관학교
선유도공원	서울숲	호림박물관	시민안전체험관	철새	이화여대자연사박물관
독립공원	서울역사박물관	홍릉 산림과학관	시장 체험 / 신문박물관	청계천	중남미박물관
탑골공원	조선의 왕릉	하회마을	경기도	짚풀생활사박물관	짚풀생활사박물관
신문박물관	세종대왕기념관	대법원	강원도	태백석탄박물관	창덕궁
서울시의회	수원화성	김치박물관	경상북도	해인사 고려대장경과 장경판전	천문대
선거관리위원회	승정원 일기 / 양재천	난지하수처리사업소	옹기민속박물관	호림박물관	우포늪
소양댐	옹기민속박물관	농촌, 어촌, 산촌 마을	운현궁과 인사동	유니세프 한국위원회	판소리박물관
서남하수처리사업소	월드컵공원	들꽃수목원	육군사관학교	무령왕릉	한강
중랑구재활용센터	육군사관학교	정보나라	이화여대자연사박물관	현충사	홍릉 산림과학관
중랑하수처리사업소	철도박물관	드림랜드	전라북도	덕포진교육박물관	화폐금융박물관
	이화여대자연사박물관	국립극장	전쟁박물관	서울대학교 의학박물관	훈민정음
	조선왕조실록 / 종묘		창경궁 / 천마산	상수허브랜드	상수도연구소
	종묘제례		천문대		한국자원공사
	창경궁 / 창덕궁		태백석탄박물관		동대문소방서
	천문대 / 청계천		한강		중앙119구조대
	태백석탄박물관		한국민속촌		
	판소리 / 한강		해인사 고려대장경과 장경판전		
	한국민속촌		화폐금융박물관		
	해인사 고려대장경과 장경판전		중남미문화원		
	호림박물관		첨성대		
	화폐금융박물관		절두산순교유적지		
	훈민정음		천도교 중앙대교장		
	온양민속박물관		한국에너지기술연구원		
	아인스월드		한국자수박물관		
			초전섬유퀼트박물관		

숙제를 돕는 사진

김구와 황해도 장연의 광진 학교 교사와 학생들(1906년)

임시 정부 환국 기념 사진(1945년 11월)

38선에 선 백범 김구

대한 민국 임시 정부 신년 축하식(1920년 1월)

한국 광복군 총사령부 대원들

이봉창 의사

백범기념관에 있는 해주성 공격 기록화

김구와 윤봉길

치하포 사건으로 백범이 수감되었던 해주 감옥

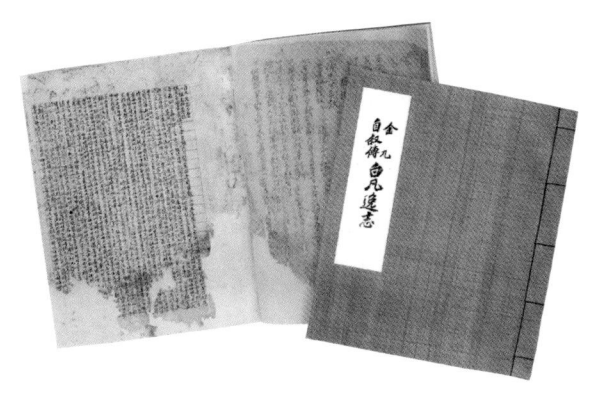

백범일지

8·15 광복 1주년 기념식에서 연설하는 백범 김구